O TRATAMENTO DE DADOS PESSOAIS PARA FINS PUBLICITÁRIOS

ANÁLISE DAS BASES LEGAIS, DIREITOS DO TITULAR E DEVERES DOS AGENTES DE TRATAMENTO

ISABELA MARIA ROSAL

Ana Frazão
Prefácio

Laura Schertel Mendes
Apresentação

O TRATAMENTO DE DADOS PESSOAIS PARA FINS PUBLICITÁRIOS
ANÁLISE DAS BASES LEGAIS, DIREITOS DO TITULAR E DEVERES DOS AGENTES DE TRATAMENTO

Belo Horizonte

2024

© 2024 Editora Fórum Ltda.

É proibida a reprodução total ou parcial desta obra, por qualquer meio eletrônico, inclusive por processos xerográficos, sem autorização expressa do Editor.

Conselho Editorial

Adilson Abreu Dallari
Alécia Paolucci Nogueira Bicalho
Alexandre Coutinho Pagliarini
André Ramos Tavares
Carlos Ayres Britto
Carlos Mário da Silva Velloso
Cármen Lúcia Antunes Rocha
Cesar Augusto Guimarães Pereira
Clovis Beznos
Cristiana Fortini
Dinorá Adelaide Musetti Grotti
Diogo de Figueiredo Moreira Neto (*in memoriam*)
Egon Bockmann Moreira
Emerson Gabardo
Fabrício Motta
Fernando Rossi
Flávio Henrique Unes Pereira

Floriano de Azevedo Marques Neto
Gustavo Justino de Oliveira
Inês Virgínia Prado Soares
Jorge Ulisses Jacoby Fernandes
Juarez Freitas
Luciano Ferraz
Lúcio Delfino
Marcia Carla Pereira Ribeiro
Márcio Cammarosano
Marcos Ehrhardt Jr.
Maria Sylvia Zanella Di Pietro
Ney José de Freitas
Oswaldo Othon de Pontes Saraiva Filho
Paulo Modesto
Romeu Felipe Bacellar Filho
Sérgio Guerra
Walber de Moura Agra

Luís Cláudio Rodrigues Ferreira
Presidente e Editor

Coordenação editorial: Leonardo Eustáquio Siqueira Araújo
Aline Sobreira de Oliveira

Rua Paulo Ribeiro Bastos, 211 – Jardim Atlântico – CEP 31710-430
Belo Horizonte – Minas Gerais – Tel.: (31) 99412.0131
www.editoraforum.com.br – editoraforum@editoraforum.com.br

Técnica. Empenho. Zelo. Esses foram alguns dos cuidados aplicados na edição desta obra. No entanto, podem ocorrer erros de impressão, digitação ou mesmo restar alguma dúvida conceitual. Caso se constate algo assim, solicitamos a gentileza de nos comunicar através do *e-mail* editorial@editoraforum.com.br para que possamos esclarecer, no que couber. A sua contribuição é muito importante para mantermos a excelência editorial. A Editora Fórum agradece a sua contribuição.

Dados Internacionais de Catalogação na Publicação (CIP) de acordo com ISBD

R789t
    Rosal, Isabela Maria

        O tratamento de dados pessoais para fins publicitários: análise das bases legais, direitos do titular e deveres dos agentes de tratamento / Isabela Maria Rosal. Belo Horizonte: Fórum: Del Rey, 2024.

        177p.; 14,5cm x 21,5cm.
        ISBN: 978-65-5518-634-5

        1. Dados pessoais. 2. Publicidade direcionada. 3. LGPD. 4. *Compliance*. 5. Neuromarketing. 6. *Business intelligence*. I. Título.

                                                          CDD 342.810 858
                                                          CDU 342.721(81)

Ficha catalográfica elaborada por Lissandra Ruas Lima – CRB/6 – 2851

Informação bibliográfica deste livro, conforme a NBR 6023:2018 da Associação Brasileira de Normas Técnicas (ABNT):

ROSAL, Isabela Maria. *O tratamento de dados pessoais para fins publicitários*: análise das bases legais, direitos do titular e deveres dos agentes de tratamento. Belo Horizonte: Fórum: Del Rey, 2024. 177 p. ISBN 978-65-5518-634-5.

À minha melhor parte, minha mãe, Janaína.

AGRADECIMENTOS

Agradeço especialmente à Professora Ana Frazão, orientadora da minha dissertação de mestrado que deu origem a este livro. Agradeço aos professores e aos diretores do CEDIS-IDP Laura Schertel e Danilo Doneda (*in memoriam*), por todo acolhimento, pelas trocas e oportunidades. Meu agradecimento a todos aqueles que tornaram possível minha caminhada profissional e acadêmica, em especial aos colegas de trabalho do CADE, LAPIN, CEDIS e CiTiP, que sempre me acolheram e me incentivaram. Sou extremamente grata aos diversos grupos de amigos e familiares que deixam a vida e todas as experiências mais leves e interessantes, principalmente Janaína, Anna, Idalmo e Matthias.

"Proibida a entrada
Exijo gravata e dados pessoais"
(*A Pousada do Bom Barão*, Chico Buarque)

LISTA DE ABREVIATURAS E SIGLAS

AEPD	*Agencia Española de Protección de Datos* (Autoridade espanhola de proteção de dados)
ANPD	Autoridade Nacional de Proteção de Dados
CADE	Conselho Administrativo de Defesa Econômica
CDC	Código de Defesa do Consumidor
CNIL	*Comission Nationale de L'informatique et des Libertés* (Comissão Nacional de Informática e Liberdade – Autoridade francesa de proteção de Dados)
CONANDA	Conselho Nacional dos Direitos da Criança e do Adolescente
CONAR	Conselho Nacional de Autorregulamentação Publicitária
EDPB	*European Data Protection Board* (Comitê Europeu para a Proteção de Dados)
ICO	*Information Commisioner's Office* (Autoridade do Reino Unido de proteção de dados)
LGPD	Lei Geral de Proteção de Dados Pessoais
MCI	Marco Civil da Internet
MPF	Ministério Público Federal
OCDE	Organização para a Cooperação e Desenvolvimento Econômico
ONU	Organização das Nações Unidas
PETs	*Privacy-Enhancing Technologies* (Tecnologias de Proteção da Privacidade)
RGPD	Regulamento Geral de Proteção de Dados
Senacom	Secretaria Nacional do Consumidor
WP29 / Article 29	Working Party Article 29

LISTA DE IMAGENS E FIGURAS

Figura 1   "O que é neuromarketing ou neurodesign" (Lindstrom, 2008)

Figura 2   Marketing direto e indireto, elaborado pela autora

Figura 3   Categorização de dark patterns e tipos de manipulação, elaborado pela autora com base em Stigler (2019), EDPB (2022) e OCDE (2022)

Figura 4   Recorte conceitual sobre normas setoriais para publicidade (Bleier; Goldfarb; Tucker, 2020), tradução livre.

Figura 5   Elementos de validade do consentimento – baseado em (Bioni, 2019), atualizado pela autora

Figura 6   Símbolos para categorizações de tratamentos de dados pessoais (tradução livre Vrabec, 2021)

Figura 7   Símbolos para decisões automatização e personalização de conteúdo publicitário

Figura 8   Banner cookies (tradução livre Noyb, 2022)

Figura 9   Teste de proporcionalidade – elaborado pela autora (com base em Bioni, 2018; e WP29)

Figura 10 Classificação dos direitos dos titulares (Frazão, 2022)

Figura 11 Fluxo de petição do titular (ANPD, 2021)

Figura 12 Organograma do exercício de direitos do titular – elaborado pela autora

Figura 13 Validade do consentimento para tratamento de dados sensíveis – baseado em (Bioni, 2019; WP, 2018) – elaborado pela autora

SUMÁRIO

PREFÁCIO
Ana Frazão 17

APRESENTAÇÃO
Laura Schertel Mendes 21

INTRODUÇÃO 25

CAPÍTULO 1
A PROTEÇÃO E O TRATAMENTO DE DADOS PESSOAIS 29
1.1 O tratamento de dados pessoais como inovação econômica
    e o capitalismo de vigilância 32
1.2 O marketing direcionado 39
1.2.1 Das práticas manipulativas 50
1.2.2 Riscos e danos relacionados ao marketing baseado em dados
    pessoais 57

CAPÍTULO 2
O SISTEMA PROTETIVO DE PROTEÇÃO E O *MARKETING* 63
2.1 A aplicação do CDC 66
2.2 Os princípios da proteção de dados como mitigadores de riscos 69

CAPÍTULO 3
BASES LEGAIS APLICÁVEIS AO *MARKETING* 79
3.1 O consentimento 83
3.1.1 A validade do consentimento 84
3.1.2 Gestão do consentimento 88
3.1.2.1 Formas do consentimento 91
3.1.2.2 Termos de uso, políticas e avisos de privacidade 93
3.1.2.3 Cookies e *banners* 98
3.1.3 Situações de consentimento compulsório 101
3.2 O legítimo interesse 104
3.2.1 Requisitos de validade 106
3.2.1.1 Teste de proporcionalidade 109

3.2.1.2 Relatório de Impacto de Proteção de Dados 112
3.2.1.3 *Legitimate Interest Assessment* (LIA) 114
3.3   Execução de contrato 115

CAPÍTULO 4
DIREITOS DO TITULAR 119
4.1   Direito de acesso 122
4.1.1 Direito à portabilidade 126
4.2   Direito de retificação 128
4.3   Direito de cancelamento 130
4.4   Direito de oposição 132
4.5   Direito de petição 134
4.6   Obrigações dos agentes de tratamento 137

CAPÍTULO 5
SITUAÇÕES ESPECÍFICAS 141
5.1   Utilização de dados sensíveis para fins publicitários 141
5.2   Publicidade direcionada para crianças e adolescentes 145
5.3   A utilização de dados públicos para fins publicitários 153
5.4   Compartilhamento com terceiros e uso secundário de dados para fins publicitários 156
5.5   Utilização de dados inferidos para fins publicitários 157
5.6   Novas tecnologias 160

CONCLUSÕES 165

REFERÊNCIAS 169

PREFÁCIO

Há tempos que se sabe que o poder persuasivo pode ser tão ou mais eficiente do que o poder coercitivo ou baseado na força. Consequentemente, não há dúvidas de que a dominação, assim entendida a subjugação de pessoas para que ajam de acordo com a vontade de outrem, deixa de depender apenas da violência e das constrições físicas e passa a contar com diversas formas pelas quais o poder persuasivo pode operar, muitas das quais aparentemente sutis e nem sempre perceptíveis, mas que podem ser tão eficientes ou invasivas quanto as manifestações do poder coercitivo.

É nesse contexto que se encontram as preocupações com fenômenos como a fabricação do consenso ou das ideologias hegemônicas e os meios pelos quais isso pode ser alcançado, muitas vezes sem nem mesmo a consciência ou a percepção por parte dos que são atingidos por tais estratégias.

Sob essa perspectiva, torna-se crucial entender como se pode exercer poder a partir da informação, especialmente em uma sociedade da informação cada vez mais influenciada pela tecnologia. Se, durante muito tempo, as discussões sobre o poder persuasivo tinham como foco principal aqueles que controlavam os grandes meios de comunicação em massa e as formas como estes poderiam veicular propagandas, tanto para fins políticos como para fins econômicos, as mudanças que a internet trouxe para o fluxo informacional apresentam novos desafios.

Uma coisa é certa: a internet tornou ainda mais evidente a constatação de que o poder informacional é – senão o principal – uma das mais importantes formas de exercício de poder. Tal perspectiva tornou-se ainda mais preocupante quando se observa que, do potencial de democratização de acesso e difusão de informação, a internet progressivamente está criando nichos informacionais cada vez mais polarizados e estanques, marcados pela artificialidade do debate, pela predominância da desinformação e pelo protagonismo crescente das plataformas digitais, que são os grandes *gatekeepers* informacionais da atualidade.

Se antes a propaganda comercial ou política era realizada em massa, agora ela é feita de forma personalizada e individualizada, a partir de dados extraídos muitas vezes sem o consentimento ou sem nem mesmo a ciência dos interessados, por meio de mecanismos que não raro exploram suas fraquezas e vulnerabilidades. Em muitos casos, em razão da ausência de transparência do fluxo informacional, a propaganda vem disfarçada de informação desinteressada, o que pode gerar ainda mais dificuldades para o juízo crítico dos destinatários.

Em uma sociedade de vigilância, baseada na extração crescente e maciça de dados, pode-se afirmar que não há mais dados inocentes. Nos dados pessoais encontra-se um manancial de utilizações tanto para o bem como para o mal. Especificamente no que diz respeito ao fluxo informacional, avanços na psicologia e na neurociência vêm mostrando a extensão com que técnicas de propaganda podem, por meio da exploração das vulnerabilidades e limitações de racionalidade das pessoas, subverter o seu livre-arbítrio e impedir processos decisórios autônomos, cruzando facilmente a fronteira que separa a influência da manipulação.

Cria-se, nesse contexto, um perigoso risco para a economia, a sociedade e a política, pois a qualidade e a transparência do fluxo informacional são pressupostos indispensáveis tanto para o bom funcionamento dos mercados, o que requer a adequada proteção do consumidor, como para o bom funcionamento das democracias. Quando o fluxo informacional passa a estar sujeito a regras de "vale tudo", que possibilitam até mesmo o engano, a mentira, a fraude e a distorção, muitos dos valores civilizatórios passam a estar em risco.

A questão torna-se ainda mais delicada diante do problema dos conteúdos personalizados, que impedem um escrutínio social mais amplo sobre as informações ou propagandas a que cada cidadão ou consumidor tem acesso. Daí por que, se o conteúdo personalizado apresenta desafios por si só, tais desafios são potencializados no âmbito da propaganda personalizada.

É nesse tão perigoso e fascinante contexto que Isabela Rosal pretendeu desbravar, em sua pesquisa de mestrado, que tive a honra de orientar, o campo da propaganda à luz da LGPD, trabalho do qual resultou o presente livro.

Antes, porém, de explorar o trabalho da Isabela, permitam-me falar um pouco sobre ela, cuja inteligência e dedicação à pesquisa são comparáveis ao seu carisma e à sua alegria de viver. Dona de um dos sorrisos mais abertos e cativantes que eu conheço, Isabela Rosal é daquelas pessoas que têm brilho nos olhos e que imprime essa alegria de viver não apenas na dimensão pessoal da sua vida, mas também nas suas atividades acadêmicas e profissionais.

Toda essa energia foi canalizada para a pesquisa de um tema tão delicado e complexo, até em razão da sua necessária interdisciplinaridade e também do fato de ter nuances e aspectos muito recentes, para cuja exploração há poucas referências na literatura.

Não obstante, Isabela resolveu enfrentar o desafio de nos mostrar como "o tratamento de dados possibilita a personalização individualizada de propagandas, o que traz riscos consideráveis para o titular, sob pena de perda de seu pensamento e desenvolvimento individual, a partir de práticas manipulativas, com destaque aos *dark patterns*, e utilização de perfis inaceitáveis."

Na sua pesquisa, a autora mostra as diversas formas pelas quais pode haver a manipulação dos usuários, incluindo a importante questão da exploração de vulnerabilidades dos perfis individualizados.

Vale ressaltar que o trabalho de Isabela Rosal não é apenas de diagnóstico de riscos – o que já seria bastante importante, diga-se de passagem – mas também de análise crítica à luz da Lei Geral de Proteção de Dados, que já oferece um importante substrato para o tratamento da propaganda personalizada. Daí a preocupação da autora com a aplicação dos princípios e das bases legais no que diz respeito ao assunto.

Não é sem razão que a autora conclui, a meu ver acertadamente, que "os princípios da lei geral brasileira são previsões interessantes para garantir que já sejam cobrados limites às organizações durante a utilização de técnicas de marketing direcionado", mostrando o alcance prático de vários deles, notadamente os da finalidade, o da não discriminação e o da transparência.

Já no que diz respeito às bases legais, a autora é clara ao afirmar que somente duas bases legais previstas na LGPD demonstram conformidade com a finalidade publicitária de determinados tratamentos: o consentimento e o legítimo interesse. Entretanto, ressalta a fragilidade de ambas e os cuidados que precisam ser tomados pelos agentes de tratamento que procurem delas se utilizar para fins de propaganda.

Como o leitor poderá observar, em que pese a complexidade dos temas tratados por Isabela, o seu texto é bastante claro e fluido, marcado pelo cuidado com que ela procura organizar os seus pensamentos. Daí por que se trata de estudo acessível e proveitoso não apenas para os juristas, incluindo os estudantes, mas também para estudantes e profissionais de outras áreas, como administração, publicidade e propaganda, bem como para os cientistas sociais e pensadores que se dedicam a estudar as complexas relações que se travam na sociedade da informação e da vigilância.

Na verdade, eu diria que o trabalho de Isabela Rosal interessa a todos, considerando a urgência de construirmos uma noção de cidadania digital, objetivo para o qual as discussões sobre a qualidade do fluxo informacional, incluindo aí a publicidade, têm grande impacto. Precisamos todos, mais do que nunca, refletir e aprender sobre a LGPD, a fim de que possamos exercer adequadamente nossos direitos e possamos nos resguardar tanto na condição de consumidores como na condição de cidadãos.

Não tenho dúvidas, portanto, de que Isabela Rosal nos oferece uma importante contribuição para esse propósito, o que, além de me encher de orgulho, me impulsiona a convidar todos para que também possam aprender com o seu trabalho.

Brasília, 11 de janeiro de 2023.

Ana Frazão
Professora Associada de Direito Civil, Comercial e Econômico da Universidade de Brasília – UnB

APRESENTAÇÃO

A proteção de dados pessoais ganhou novos contornos no Brasil com a promulgação da Lei nº 13.709/2018 (Lei Geral de Proteção de Dados – LGPD), resultado de uma década de discussões na sociedade. Desde então, a disciplina da proteção tem se desenvolvido no país de forma bastante rápida, motivada por múltiplos atores, como a sociedade civil e os poderes Executivo, Legislativo e Judiciário.

O ano de 2020 foi um marco para a proteção de dados no Brasil: em maio, o Supremo Tribunal Federal reconheceu, no julgamento do caso do IBGE,[1] um direito fundamental à proteção de dados autônomo extraído da Constituição Federal; em setembro, iniciou-se a vigência da Lei Geral de Proteção de Dados (Lei nº 13.709/2018); e em novembro confirmou-se a nomeação dos diretores da Autoridade Nacional de Proteção de Dados (ANPD), o que marcou o início da estruturação da ANPD.

No dia 10 de fevereiro de 2022 foi promulgada a Emenda Constitucional nº 115 de 2022, que realizou uma importante mudança no texto da Constituição para incluir um novo direito fundamental em seu art. 5º: o direito fundamental à proteção de dados pessoais.

Esses fatos demonstram que o país logrou importantes passos na direção de uma arquitetura normativa e institucional de proteção de dados, constituindo uma conquista da sociedade brasileira após anos de debate multisetoriais. Um olhar mais atento evidencia, no entanto, que há ainda um longo caminho a se percorrer para a efetividade da arquitetura de proteção de dados no país, seja pela necessidade de interpretação e regulamentação de determinadas normas gerais da LGPD, seja pelas lacunas encontradas em algumas áreas (como a proteção de dados na área criminal) e, sobretudo, por uma necessária reestruturação da ANPD, que passa pela garantia de sua autonomia e de uma maior capacidade de atuação e supervisão.

Na sociedade atual, caracterizada pela hiperconectividade, a proteção de dados não é somente mais um direito reconhecido entre

---

[1] No dia 7 de maio, o plenário do STF referendou a Medida Cautelar nas Ações Diretas de Inconstitucionalidade n. 6387, 6388, 6389 e 6390, suspendendo a aplicação da Medida Provisória 954/2018, que obrigava as operadoras de telefonia a repassarem ao IBGE dados identificados de seus consumidores de telefonia móvel, celular e endereço.

tantos, mas um verdadeiro pressuposto para a manutenção da confiança dos cidadãos nas estruturas de comunicação e informação, bem como para o necessário fluxo de dados e inovação. Com o aumento do volume de dados e da velocidade dos tratamentos, as relações de poder entre cidadãos e o mercado foram alteradas de maneira significativa, exigindo avanços no meio jurídico para garantia da privacidade e da liberdade individual.[2]

A pandemia intensificou o processo de digitalização da economia e do nosso cotidiano e trará, possivelmente, transformações duradouras em diferentes áreas sociais. Com o distanciamento social e a partir do uso de tecnologias digitais, escritórios e repartições publicas estimularam o *home office* e o ensino à distância passou a ser predominante em escolas e universidades. Dados de relatório da Unctad evidenciam que na América Latina, o uso de plataformas para o teletrabalho aumentou 324 por cento entre o primeiro e o segundo trimestres de 2020, enquanto para a educação à distância cresceu mais do que 60 por cento.[3] No campo do entretenimento, do comércio e da saúde houve também uma aceleração dos processos de digitalização, incentivada tanto pelo contexto social quanto por modificações regulatórias.[4]

Nunca antes foi tão verdadeira a percepção de que as nossas vidas são um híbrido entre o real e o virtual, isto é, que o que somos e vivemos sofre tamanho impacto do que acontece no mundo virtual, que não mais podemos separar esses dois mundos com nitidez. O termo *onlife,* cunhado por Luciano Fioridi,[5] ilustra bem esse fenômeno. Mais do que nunca é preciso garantir a autodeterminação, o desenvolvimento da personalidade e a livre formação da opinião democrática em um contexto em que as plataformas se tornaram constitutivas da nossa sociedade, moldando o emprego, a educação, o discurso político, a medicina e o comércio, entre tantas outras áreas, como nos alerta Mireille Hildebrant.

Vê-se, assim, a relevância da arquitetura regulatória e institucional da proteção de dados em face do aprimoramento de tecnologias capazes

---

[2] MENDES, Laura Schertel. *Privacidade, proteção de dados e defesa do consumidor*: linhas gerais de um novo direito fundamental. São Paulo: Saraiva, 2014.
[3] UNCTAD, *Covid 19 and E-commerce: a global review,* p. 38. Disponível em: https://unctad.org/system/files/official-document/dtlstict2020d13_en_0.pdf.
[4] Estudo desenvolvido pela Delloitte para a Cisco examina como ferramentas digitais podem auxiliar na resiliência das empresas durante a crise econômica: https://www2.deloitte.com/br/pt/pages/strategy-operations/articles/analise-covid-setores.html
[5] FIORIDI, Luciano (Coord). *Onlife Manifesto.* Being Human in a Hyperconnected Era. Heidelberg: Springer, 2015.

de monitorar, quase instantaneamente, o comportamento de cidadão, associada a poderosas tecnologias de análise de dados que possibilita a geração de novas informações, aptas a embasarem decisões e previsões com alto potencial de impacto sobre os direitos fundamentais.

Este cenário amplia as preocupações com o uso de dados no âmbito da publicidade direcionada, especialmente em razão do risco da ocorrência de práticas discriminatórias a partir da personalização de publicidade, em violação aos princípios da transparência e não-discriminação (art. 6º, VI e IX da LGPD).

Nesse sentido, a obra apresentada por Isabela Maria Rosal, *"O Tratamento de Dados Pessoais Para Fins Publicitários: Análise das Bases Legais, Direitos do Titular e Deveres dos Agentes de Tratamento"*, é relevante por confrontar este instigante tema, fruto da jovem e já exitosa carreira da autora – Bacharela e Mestre em Direito, Estado e Constituição pela Universidade de Brasília (UnB) e pesquisadora no Centro de Direito, Internet e Sociedade (CEDIS-IDP) e no imec – *Centre for IT & IP Law* – CiTiP (KU Leuven, Bélgica).

Com o reconhecimento de que o trabalho não pretende esgotar o tema da publicidade direcionada a partir do tratamento de dados pessoais, a autora propõe soluções a partir de uma acurada análise do sistema normativo brasileiro de proteção de dados e da avaliação da experiência estrangeira.

Na obra, o leitor poderá, inicialmente, refletir a respeito do tratamento de dados como inovação econômica e sua interação com o capitalismo de vigilância, termo cunhado pela socióloga Shoshana Zuboff, e o marketing direcionado. A autora deste livro também aborda o sistema protetivo existente no país, com destaque para os dispositivos do Código de Defesa do Consumidor (CDC) e aos próprios princípios dispostos na LGPD, não se restringindo à discussão teórica, mas alinha esta perspectiva à aplicação prática, por meio de recentes exemplos que ocorreram na realidade.

Em atenção à LGPD, a autora consegue identificar quais as bases legais seriam adequadas para a atividade analisada e tece importantes considerações sobre as hipóteses de aplicação, riscos e salvaguardas aos titulares de dados pessoais. Nesse sentido, a autora apresenta argumentos para sustentar que apenas as bases legais do consentimento e do legítimo interesse poderiam estar conforme a finalidade publicitária de certos tratamentos, reconhecendo as suas fragilidades e discutindo os meios de garantias aos direitos dos titulares.

Enfrentando esse panorama, a obra defende a necessidade de parâmetros claros para as organizações parte do mercado de marketing direcionado, defendendo a necessidade de observância de "grandes regras de transparências". Dentre as principais conclusões apresentadas, expõe que determinadas hipóteses de publicidade direcionada devem ser proibidas de forma *ex ante*, "a partir de uma avaliação teórica e prática dos riscos relacionados", e por meio de uma fiscalização contextual, "inclusive para verificação das inferências percebidas pelas organizações e de qual forma elas estão sendo utilizadas".

Além disso, o trabalho avalia situações específicas como a utilização de dados sensíveis, o qual, segundo defendido, não deve ser utilizado para fins publicitários em razão dos efeitos negativos de eventual exploração de vulnerabilidades.

Para mais, o estudo depreendido defende que práticas manipulativas devem ser banidas, com a proposta de que sejam identificados riscos que devem ser considerados inaceitáveis, a exemplo da "caracterização que possibilite inferências sobre características sensíveis". Nesse tema, a obra explora as principais avaliações e categorias de práticas manipulativas, definindo ações que devem ser coibidas no sistema publicitário.

Dessa forma, este livro de Isabela Rosal é resultado de um minucioso trabalho desenvolvido, evidenciando o seu comprometimento pessoal com a produção acadêmica. Certamente, o conteúdo apresentado ao leitor será referência obrigatória para novas pesquisas no tema, e o campo da proteção de dados pessoais muito ganha com esta contribuição.

Desejo a todos uma excelente leitura, confiante de que esta é a primeira de muitas contribuições que virão de Isabela Maria Rosal.

Frankfurt, 20 de janeiro de 2023.

Laura Schertel Mendes
Professora Adjunta de Direito Civil da Universidade de Brasília (UnB) e do Instituto de Direito Público (IDP. Doutora em Direito Privado pela Universidade de Humboldt de Berlim, tendo publicado sua tese sobre proteção de dados na Alemanha. Pesquisadora sênior na Goethe Universität Frankfurt. Mestre e Bacharel em Direito, Estado e Constituição pela UnB. Compõe o Conselho Nacional da Proteção de Dados (CNPD), o Conselho Diretor da Associação Luso-Alemã de Juristas (DLJV-Berlim) e o Instituto Brasileiro de Política e Direito do Consumidor (Brasilcon). Coordenadora do Centro de Direito, Internet e Sociedade do IDP (CEDIS/IDP). É autora do livro "Privacidade, proteção de dados e defesa do consumidor: linhas gerais de um novo direito fundamental" São Paulo: Saraiva, 2014.

INTRODUÇÃO

Informações sobre sua personalidade, seus desejos, suas preferências e tantos outros dados são coletados diariamente com o intuito de abastecer a economia movida a dados. A partir do momento que você acorda e desliga seu despertador no smartphone, a coleta começa. Isso se você já não estiver utilizando algum dispositivo como um relógio inteligente, que passou sua noite de sono coletando informações sobre você. Elas são personalíssimas e muitas vezes são coletadas sem um propósito bem-definido, mas as empresas participantes da economia datificada agem de forma a reunir o maior número de dados possíveis de cada indivíduo.

A alta, rápida e barata coleta de dados pessoais possibilita que essas informações sejam processadas para finalidades diversas e para a criação de perfis de indivíduos de forma extraordinária. As possibilidades trazidas pela exploração do chamado *big data* a partir de novas tecnologias deram espaço para a criação de novos mercados e possibilidades ou atualização de práticas já existentes. A compreensão detalhada do perfil de comportamento de um usuário também permitiu a conjugação de diversas frentes de expertise, como psicologia, economia, direito, tecnologias, trazendo novas formas de atuação com maiores eficiências para empresas e riscos para os indivíduos. Produtos antes massificados passaram a ser personalizados individualmente.

Tendo em vista os riscos existentes nessas atividades de tratamento, a regulação jurídica buscou trazer maior proteção para os dados pessoais, ativos econômicos, mas também objeto de proteção de direitos fundamentais. Esse movimento é caracterizado pelas normas gerais de proteção de dados pessoais – no Brasil, a LGPD – e por outras normas esparsas que devem ser interpretadas no contexto de digitalização e datificação. Essa lei garante maior controle dos titulares sobre seus próprios dados, com previsões sobre direitos e trazendo obrigações e limites para aquelas organizações que tratam os dados pessoais.

As atividades publicitárias baseadas no tratamento de dados pessoais fazem parte do novo sistema capitalista da economia datificada. Ao passo que anunciantes buscam criar estratégias de marketing mais efetivas, o que é possível pelo direcionamento a partir do tratamento de dados pessoais, plataformas criam seus negócios com base no desenvolvimento de modelos de negócio remunerados pela venda de espaços de *marketing* em suas plataformas. Essa forma evolui com possibilidade de moderação dos anúncios – a partir da utilização dos dados pessoais para criação de perfis de comportamento, os anúncios antes em massa passam a ser personalizados. Por isso, é tão comum nos depararmos em serviços digitais ditos gratuitos, mas que coletam dados pessoais como forma de pagamento.

Diante disso, esse livro pretende explorar como o *marketing* direcionado a partir do tratamento de informações pessoais se relaciona com o sistema de proteção de dados. O objetivo do projeto é identificar quais são as possibilidades, limites, direitos e obrigações existentes no sistema de publicidade direcionada no Brasil. Considera-se que a LGPD e outros marcos regulatórios trazem diversas obrigações para os agentes de tratamento e reforçam formas de controle sobre os dados pessoais para os titulares da informação. Entende-se que o tema ainda está em construção, mas é preciso garantir maior segurança jurídica para todos envolvidos nessas práticas que já estão presentes no nosso cotidiano.

Para o desenvolvimento da pesquisa foi feita revisão bibliográfica de publicações brasileiras e internacionais sobre o tema. Entendimentos estrangeiros ganham destaque ao considerarmos que o tratamento de dados não encontra limites nas fronteiras nacionais. Para tanto, foram escolhidas obras com relevância teórica, utilizados em diversos trabalhos com esse objeto de estudo, além de trabalhos com congruência temática com o tema. Sobre a temática de proteção de dados, destacam-se as obras nacionais de Frazão, Doneda, Schertel e Bioni e como marco teórico internacional, foram adotadas as publicações de Zuboff e Rodotá.

Também foram exploradas obras sobre marketing na era digitalizada, com o objetivo de compreender quais são as práticas utilizadas pelos especialistas do ramo. Isso permite que o livro apresente um viés prático, voltado para aqueles atores envolvidos no mercado publicitário brasileiro. Por fim, a revisão bibliográfica também contou com o estudo de documentos divulgados por autoridades competentes – em especial, decisões paradigmáticas, guias e documentos orientativos –, tendo em vista a pertinência temática e prática de tais materiais.

Para traduzir os achados da pesquisa, o trabalho é divido em 5 (cinco) capítulos. O primeiro capítulo explora a ideia da economia de dados e como esse fenômeno possibilitou o desenvolvimento do *neuromarketing* e publicidade direcionada. Em seguida, o trabalho explora quais legislações brasileiras são aplicáveis ao sistema de *marketing* baseado no tratamento de dados, destacando a lacuna da legislação brasileira sobre esse tema em contraste com as previsões específicas europeias.

O terceiro capítulo busca apresentar como a LGPD deve ser aplicada aos sistemas de publicidade, explorando as bases legais que podem ser utilizadas para fins de *marketing* e quais as consequências e limites da utilização de cada uma das bases que são consideradas adequadas. O capítulo seguinte continua explorando o sistema de proteção de dados, apresentando como e quais direitos do titular devem coexistir no sistema de publicidade direcionada e de qual forma eles são operacionalizados quando se relacionam com essa finalidade. Tendo em vista que os direitos do titular geram deveres para os agentes de tratamento, o quarto capítulo ainda explora quais são os deveres dessas organizações quando inseridas no sistema de publicidade.

O último capítulo buscou apresentar situações específicas existentes no sistema de *marketing* direcionado, tendo em vista que os capítulos anteriores não endereçavam essas peculiaridades. Por isso, fala-se sobre o tratamento de dados sensíveis, de dados de crianças e adolescentes e de dados públicos para fins publicitários. Considerando o amplo desenvolvimento desse mercado, o último capítulo ainda apresenta pequena agenda de pesquisa relacionada às novas tecnologias e sua utilização para o *marketing* direcionado, o que geram novas especificidades que devem ser objeto de pesquisa específica, compreendendo que esse tema está em constante desenvolvimento e passa por diversas ramificações.

CAPÍTULO 1

A PROTEÇÃO E O TRATAMENTO DE DADOS PESSOAIS

O tratamento de dados pessoais deve ser analisado a partir do direito à proteção de dados pessoais. Ou seja, além de ativos econômicos, informações personalíssimas são objeto de proteção de direito fundamental, justamente pelas possíveis consequências da sua manipulação. Portanto, deve existir um equilíbrio entre as liberdades e os limites do tratamento de dados, considerando que seu processamento gera consequências positivas para o desenvolvimento econômico, mas também afeta a privacidade individual.[1]

Por isso, é importante compreender que o direito à proteção de dados tem sua origem no direito à privacidade, mas vai além desse, apresentando verdadeira autonomia em seu objeto de proteção. Isso permite tomar como exemplo a privacidade, que engloba tanas discussões relativas à possibilidade de monetização e utilização econômica dos objetos de proteção do direito fundamental.

Desse desenvolvimento histórico, da privacidade à proteção de dados, destaca-se a primeira compreensão autônoma do direito à privacidade que foi traduzida como o "direito de ser deixado só". Desde essa concepção inicial, foi compreendido o efeito *erga omnes* do

---

[1] RODOTÀ, S. *A vida na sociedade da vigilância*: a privacidade hoje. Rio de Janeiro: Renovar, 2008.

direito à privacidade,[2] demonstrando a importância do controle do espaço privado perante a sociedade.

Com o passar dos anos, a privacidade passou a ser compreendida a partir dos contextos em que estava inserida, ou seja, a sua avaliação passou a ser contextual. Esse desenvolvimento foi essencial para garantir que aspectos subjetivos também fossem considerados na preservação da privacidade. A privacidade passa de uma dimensão negativa para a vertente positiva que garante que o titular tenha controle sobre suas próprias informações.[3]

Com o tratamento informatizado e automatizado de dados pessoais,[4] a proteção dessas informações passou a ser reforçada, com o surgimento do direito à autodeterminação informativa.[5] Esse direito reforça a ideia de que é necessário o controle do titular sobre seus próprios dados, principalmente no mundo digitalizado, tendo em vista que o processamento dessas informações acaba formando uma versão digital do indivíduo, que também merece proteções.[6]

A partir desse entendimento, a privacidade passou a ser compreendida com diversas ramificações, o que incluiu o progresso da ideia de proteção de dados pessoais. Ao se considerar que os dados pessoais são informações que permitem a compreensão sobre quem é determinado indivíduo, esse titular só terá controle da ideia que passa para a sociedade se houver alguma ingerência sobre seus dados pessoais.

---

[2] O direito de aproveitar a vida surgiu como desenvolvimento do próprio direito à vida. Esse desenvolvimento abriu espaço para a compreensão do direito à privacidade, resumido, inicialmente como o direito de ser deixado só (*the right "to be let alone"*, conceito preconizado pelo juiz Cooley, e relacionado com o direito de personalidade). O direito à privacidade já encontrava limites nesse primeiro trabalho sobre o tema, como: (1) interesse público em sentido amplo; (2) desempenho de funções públicas; (3) comunicações orais e danos irrelevantes; (4) consentimento do titular; (5) liberdade de expressão baseada em afirmações verídicas e não ofensivas. WARREN, S. D.; BRANDEIS, L. The Right to Privacy. *Harvard Law Review*, v. IV, n. 5, 1890. Antes do desenvolvimento dessa vertente autônoma, o direito à privacidade acabava sendo resguardado a partir de previsões contratuais ou da boa-fé.

[3] DONEDA, D. *Da privacidade à proteção de dados pessoais*. Rio de Janeiro: Renovar, 2006.; MENDES, L. S. *Privacidade, proteção de dados e defesa do consumidor*: linhas gerais de um novo direito fundamental. São Paulo: Saraiva, 2014a.

[4] Na LGPD, dados pessoais são definidos como "informação relacionada a pessoa natural identificada ou identificável". Ao longo do presente trabalho, palavras como "informações pessoais", "informações" serão utilizadas como sinônimos de dados pessoais, a fim de evitar repetição.

[5] Esse direito foi reconhecido no julgamento sobre a "Lei do Recenseamento de População, Profissão, Moradia e Trabalho", de 1982. Sobre o tema, ver: SCHWABE, J. *Cinquenta Anos de Jurisprudência do Tribunal Constitucional Federal Alemão*. Montevideo: Konrad-Adenauer, 2005.

[6] RODOTÀ, 2008, define essa figura como "corpo eletrônico", e defende que esse corpo também deve estar protegido legalmente.

O conjunto de informações pessoais determina o corpo informacional do indivíduo, o que gera várias possibilidades tanto para o sujeito quanto para a sociedade. Mas a sua exploração gera, também, efeitos negativos, principalmente quando compreendemos que informações podem estar incorretas, desatualizadas ou podem ser exploradas de forma ilimitada. Por isso, é de suma importância que o titular tenha controle sobre o fluxo dos seus dados pessoais.[7]

A relevância da proteção de dados pessoais está clara, o que está sendo demonstrado pelas novas legislações tratando sobre o tema, inclusive pela inclusão da proteção de dados pessoais como um direito fundamental autônomo. Na União Europeia, essa previsão existe na Carta dos Direitos Fundamentais da EU,[8] além de outras normas nacionais. Na América Latina, vários países contam com previsões constitucionais sobre a proteção de dados pessoais,[9] como: Colômbia, Cuba, República Dominicana, Equador e México.

Além disso, no Brasil, houve a promulgação da Emenda Constitucional nº 115 de 2022 no dia 10 de fevereiro, que incluiu um novo direito fundamental no rol do art. 5º da Constituição brasileira: a proteção dos dados pessoais, tanto em meios físicos como digitais. A competência para a organização e fiscalização da proteção e do tratamento de dados pessoais foi estabelecida como da União, nos termos da lei. Essa última previsão dá grande espaço para atividade legislativa extraconstitucional, a fim de buscar acompanhar os desenvolvimentos da sociedade, o que é comum aos direitos relacionados ao mundo digital.[10]

---

[7] BLEIER, A.; GOLDFARB, A.; TUCKER, C. Consumer privacy and the future of data-based innovation and marketing. *International Journal of Research in Marketing*, v. 37, n. 3, p. 466-480, 2020. Disponível em: https://doi.org/10.1016/j.ijresmar.2020.03.006.

[8] Art. 8º (1) Todas as pessoas têm direito à proteção dos dados de caráter pessoal que lhes digam respeito. (2) Esses dados devem ser objeto de um tratamento leal, para fins específicos e com o consentimento da pessoa interessada ou com outro fundamento legítimo previsto em lei. Todas as pessoas têm o direito de aceder aos dados coligidos que lhes digam respeito e de obter a respectiva retificação. (3) O cumprimento destas regras fica sujeito a fiscalização por parte de uma autoridade independente.

[9] Tabela comparativa entre previsões legais sobre proteção de dados pessoais está sendo desenvolvida pelo Grupo de Estudos em Direito das Telecomunicações da Universidade de Brasília (GETEL-UnB). A partir da utilização do modelo TLICS (*Telecommunications Law Indicators for Comparative Studies*), diferentes modelos regulatórios de proteção de dados de diversos países são analisados e comparados. Disponível em: https://sites.google.com/ndsr.unb.br/getel/research/tlics-model-data-protection?authuser=0. Acesso em: 24 fev. 2022.

[10] O direito fundamental à proteção de dados pessoais já havia sido reconhecido no Brasil através do julgamento do caso IBGE pelo Supremo Tribunal Federal, que referendou a Medida Cautelar nas Ações Diretas de Inconstitucionalidade nº 6387, 6388, 6389, 6393 e 6390, suspendendo a Medida Provisória nº 954/18, que trazia a obrigação de compartilhamento de dados dos consumidores das operadoras de telefonia para o IBGE.

O reconhecimento da proteção de dados pessoais como direito fundamental autônomo ganha importância para a garantia da proteção da versão digital do indivíduo e é um avanço relevante para os direitos e liberdades individuais. Esse novo direito fundamental deve ser compreendido a partir da sua aplicação em diversas matérias, inclusive consumeristas, concorrenciais, trabalhistas, entre outros, em harmonia com o fluxo de dados na sociedade de informação em que nos encontramos.[11]

Por isso, é importante a compreensão dos limites existentes para o fluxo de dados pessoais, entendendo a era da economia do conhecimento e como o tratamento de dados pessoais revolucionou a economia, inclusive o mercado publicitário. Assim será possível o estudo aprofundado da proteção existente para os consumidores submetidos ao mercado de *marketing* modificado pelo tratamento em massa de informações, tendo em mente as justificativas para a existência do direito fundamental à proteção de dados pessoais, em um sistema econômico baseado em conhecimento.

1.1 O tratamento de dados pessoais como inovação econômica e o capitalismo de vigilância

O tratamento de dados pessoais revolucionou a economia mundial. Com o desenvolvimento da sociedade e de novas tecnologias, organizações entenderam que os dados pessoais poderiam ser utilizados como ativos econômicos de diversas formas. Esse processo foi facilitado pela diminuição dos custos para coletar e explorar dados de consumidores.[12] Com essa revolução industrial, os juristas passaram a compreender os dados pessoais não só como forma de exposição do indivíduo, mas também como ativos econômicos. Dessa forma,

---

MENDES L. S. Decisão histórica do STF reconhece direito fundamental à proteção de dados pessoais. **Jota**, 2020. Disponível em: https://www.jota.info/opiniao-e-analise/artigos/decisao-historica-do-stf-reconhece-direito-fundamental-a-protecao-de-dados-pessoais-10052020; Constitucionalismo digital e o direito fundamental à proteção de dados. *Fumus Boni Iuris – O Globo*, 2022. Disponível em: https://blogs.oglobo.globo.com/fumus-boni-iuris/post/laura-schertel-mendes-constitucionalismo-digital-e-o-direito-fundamental-protecao-de-dados.html. Acesso em: 24 fev. 2020.

[11] BENNETT, C. J.; RAAB, C. D. Revisiting "The Governance of Privacy": Contemporary Policy Instruments in Global Perspective. *Revised version forthcoming in "Regulation and Governance*, [s. l.], 2018.

[12] GOLDFARB, A.; TUCKER, C. Digital Marketing. *Handbook of the Economics of Marketing*, Oxford, v. 1, n. 1, p. 259-289, 2019.

os dados pessoais passaram a ser vistos por diversas lentes, inclusive sobre a proteção dos direitos da personalidade e pelo viés econômico.

Os dados são ativos econômicos que trazem vantagens competitivas para as organizações que detêm tais informações, tendo em vista que o processamento de informações permite criação de novas tecnologias a partir da compreensão das necessidades da sociedade (e.g., medicina) ou até o desenvolvimento de mercados (e.g., plataformas *online*).

Os dados são ativos muito interessantes para modelos de negócio tendo em vista que são bens intangíveis, não rivais e de fácil transferência, podendo ser explorados de diversas formas por diferentes organizações. Apesar de terem retorno não linear, podem ser combinados com outras informações e *expertises* para geração de diferencial empresarial. Além disso, a cada dia está mais fácil e barato armazenar e tratar informações, o que facilita o desenvolvimento de uma economia datificada.[13]

Por isso, é comum nos depararmos com a classificação da atual era da sociedade como datificada, de informação, de conhecimento ou quaisquer outros sinônimos que demonstre a importância dos dados pessoais para a inovação econômica. Assim, surge o conceito "Sociedade da Informação", estabelecido por Rodotà, que define que os dados são uma forma de projeção do indivíduo na sociedade, então eles assumem um papel essencial para o desenvolvimento econômico. Logo, as empresas estão focadas em coletar e tratar a maior quantidade possível de dados, já que a acumulação e a circulação de dados geram novas formas de poder.[14]

Isso se dá em virtude de o tratamento de dados pessoais permitir o conhecimento detalhado sobre o perfil dos consumidores. Essa atividade é comumente conhecida como *profiling*, ou perfilização, grande diferencial da economia datificada. Conhecendo de forma individualizada seu consumidor, negócios podem explorar esse conhecimento para oferecer produtos personalizados ou até para explorar suas vulnerabilidades para garantir uma venda ou aumentar o seu consumo.

A perfilização é definida no RGPD,[15] em seu artigo 4(4), como tratamento automatizado de dados pessoais que objetive avaliar

---

[13] TOFFLER, A. *O futuro do capitalismo*: a economia do conhecimento e o significado da riqueza no século XXI. São Paulo: Saraiva, 2012.

[14] RODOTÀ, 2008.

[15] Apesar do Reino Unido não fazer mais parte da União Europeia e, dessa forma, não se encontrar sob a jurisdição do RGPD, ao longo do trabalho o RGPD e o RGPD do Reino Unido (*UK GDPR*) serão utilizados como sinônimos, tendo em vista a similaridade dessas normas.

determinados aspectos de um indivíduo para analisar ou prever determinados aspectos relacionados com desempenho profissional, situação econômica, saúde, preferências, interesses, comportamento, movimentações, entre outras aferições. Na compreensão europeia, para a perfeita caracterização do processo de *profiling*, é necessário que seja um tratamento automatizado, baseado em dados pessoais e que o objetivo daquele tratamento seja avaliar aspectos relevantes sobre determinado indivíduo.[16]

A LGPD não traz perfeita definição sobre essa atividade, apenas mencionando, no capítulo dos direitos do titular o direito, a revisão das decisões automatizadas que afetem seus interesses, inclusive aquelas que definem seu perfil pessoal, profissional, de consumo, de crédito ou aspectos de sua personalidade.[17]

O *profiling* é utilizado para diversos fins, mas destaca-se a publicidade, tendo em vista que os maiores objetivos empresariais são transações mais rápidas e baratas. Uma vez que a relevância de uma empresa é determinada a partir da capacidade de antever um possível resultado e atuar para que ele de fato aconteça, o marketing direcionado se tornou um grande diferencial empresarial.[18] É muito mais interessante e efetivo para uma empresa oferecer um anúncio individualizado ou voltado para determinado grupo de pessoas que está mais suscetível a converter aquele anúncio em uma compra.

Nesse contexto, o capitalismo de vigilância se estabelece. Esse conceito foi trabalhado por Zuboff, que esclarece que as empresas buscam coletar o maior número de informações possíveis sobre um indivíduo para garantir uma perfeita categorização daquele titular a fim de influenciar as suas compras e comportamentos. Dessa forma, o capitalismo de vigilância é caracterizado pela busca das empresas em conquistar o excesso de conhecimento sobre o comportamento do indivíduo (ou *behavioural surplus*) para poder criar perfis dos usuários cada vez mais fiéis e possibilitar a influência de comportamentos futuros desses indivíduos.[19]

---

[16] ARTICLE 29 DATA PROTECTION WORKING PARTY. *Guidelines on Automated individual decision-making and Profiling for the purposes of Regulation 2016/679*. 2017.

[17] Art. 20, LGPD: O titular dos dados tem direito a solicitar a revisão de decisões tomadas unicamente com base em tratamento automatizado de dados pessoais que afetem seus interesses, incluídas as decisões destinadas a definir o seu perfil pessoal, profissional, de consumo e de crédito ou os aspectos de sua personalidade.

[18] LONGO, W. *Marketing e comunicação na era pós-digital*: as regras mudaram. São Paulo: HSM do Brasil, 2014.

[19] ZUBOFF, S. *The Age of Surveillance Capitalism*: The Fight for a Human Future at the New Frontier of Power. Nova Iorque: Public Affairs, 2019.

O capitalismo de vigilância é tão presente na nossa sociedade que diversos produtos são criados com a finalidade (primária ou secundária) de coleta de dados pessoais, possibilitando a reutilização desses dados através de vendas para outras empresas, indireta ou diretamente,[20] ou para utilização pelo próprio grupo econômico. Com isso, as empresas buscam meios de coletar a maior quantidade e diversidade de dados pessoais possíveis, para então utilizá-los para seus interesses. Essa lógica gera um cenário de risco: a coleta de dados pessoais é privilegiada, com várias companhias processando dados sem uma finalidade determinada.

Exemplo disso foi o caso do jogo online Pokémon Go. Inicialmente, seus termos e condições de uso requeriam acesso a diversos dados aparentemente desnecessários para o desenvolvimento do jogo, como até permitir que a empresa leia e escreva e-mails. Após diversas polêmicas sobre o tratamento excessivo de dados pela empresa, os termos foram alterados e a organização passou a acessar somente os dados básicos da sua conta. A controvérsia foi ainda maior pelo uso do *app* pelo público infanto-juvenil. Contudo, especialistas destacaram que outras plataformas coletam os mesmos ou mais dados que o jogo online pretendia coletar.[21]

Sobre esses modelos, também temos como exemplo as patentes já registradas por algumas das grandes empresas de tecnologia que seguem a lógica do capitalismo de vigilância. A Meta (antigo Facebook), por exemplo, é detentora de patente que, a partir do acesso ao microfone do seu celular, consegue determinar qual programa de TV você está assistindo. Outra tecnologia já registrada pela empresa propõe que poderá classificar sua personalidade a partir da avaliação dos seus posts e mensagem, classificando o nível de abertura do usuário e até sua estabilidade emocional e, a partir desses resultados, selecionar quais conteúdos serão exibidos para você.[22] O Spotify também já registrou patentes semelhantes que permitem a gravação da voz dos usuários para garantir que o aplicativo possa sugerir músicas a partir da emoção, sotaque, gênero e até idade do usuário.[23]

---

[20] LAMBRECHT, A. *et al.* How do firms make money selling digital goods online? *Marketing Letters*, [s. l.], v. 25, n. 3, p. 331-341, 2014. Disponível em: https://doi.org/10.1007/s11002-014-9310-5.

[21] IRIS. *Pokémon GO e a realidade*: Você já entregou seus dados. 2016. ; ITS. Guia Pokémon GO sobre Direitos Digitais. 2016.

[22] CHINOY, S. What 7 Creepy Patents Reveal About Facebook. *The New York Times*, [s. l.], [s. d.]. Disponível em: https://www.nytimes.com/interactive/2018/06/21/opinion/sunday/facebook-patents-privacy.html. Acesso em: 23 fev. 2020.

[23] ACESSNOW. *Spotify, don't spy*: global coalition of 180+ musicians and human rights groups take a stand against speech-recognition technology. [S. l.], 2021.

São diversas as empresas que buscam se tornar coletoras de dados, inclusive oferecendo serviços gratuitos que seduzem os usuários a autorizarem o tratamento de suas informações. Esses dados passam a alimentar sistemas de aprendizado automatizado e de inteligência artificial, que são utilizados para diversos fins, inclusive propagandas direcionadas.[24] O uso de inteligência artificial, representada por algoritmos, aumenta a eficiência dos tratamentos de dados no capitalismo de vigilância. Essas ferramentas permitem a organização dos dados para geração de informações que possibilitam a criação de inferências sobre os usuários de forma rápida. Quanto mais precisas as inferências, mais eficiente o algoritmo e a empresa que o detém, uma vez que provavelmente será mais fácil convencer aquele usuário de agir da forma pretendida pela empresa.

Contudo, ninguém tem controle ou conhecimento completo sobre o funcionamento da criação dessas informações e inferências, que também são base para a geração de propaganda direcionada. É extremamente difícil tornar palpável um algoritmo complexo, inclusive porque as categorias criadas pelos algoritmos não são baseadas em linguagem humana, as palavras são utilizadas em um segundo momento para a compreensão dos usuários do algoritmo.[25]

Por isso, Pasquale apresenta o conceito de *black boxes* para caracterizar os algoritmos, porque eles conhecem muito sobre determinada pessoa, enquanto o indivíduo não sabe nada sobre o funcionamento daquele instrumento.[26] Dessa forma, os algoritmos permitem que o *profiling* seja feito constantemente por diversas organizações. Essa movimentação encontra limites nas próprias normas de proteção de dados, voltando à ideia de autodeterminação informativa e controle do titular sobre seus próprios dados.[27] Logo, é necessário um equilíbrio entre as estruturas de regulação que impõem limites e controles para o processamento de dados e as que trazem permissões para o tratamento de dados.[28]

Esse é o cenário atual, mas deve-se considerar que muitas vezes os perigos desse modelo econômico são invisíveis e, por isso, a

---

[24] POSNER, E. A.; WEYL, E. G. *Mercados Radicais*: reinventando o capitalismo para uma sociedade justa. São Paulo: Portfolio-Penguin, 2019.
[25] SUMPTER, D. *Dominado pelos números – do Facebook e Google às fake news*: os algoritmos que controlam nossa vida. Rio de Janeiro: Bertrand Brasil, 2019.
[26] PASQUALE, F. *The Black Box Society*: The Secret Algorithms that Control Money and Information. Cambridge: Harvard University Press, 2015.
[27] BLEIER; GOLDFARB; TUCKER, 2020.
[28] RODOTÀ, 2008.

sociedade pode demorar a reagir (como na regulação e banimento de energia nuclear, somente após vários resultados desastrosos uma forte regulação foi estabelecida). As tecnologias que criam e modulam os comportamentos futuros dos titulares, retiram a sua liberdade e dignidade, atingindo os direitos fundamentais basilares para Estados democráticos.[29] Apesar de esses resultados serem, muitas vezes, invisíveis, também são bastante relevantes. Portanto, a sociedade da informação justifica a necessidade por uma alta carga regulatória do tratamento de dados pessoais, principalmente quando feito de forma automatizada.

Esses possíveis problemas são ainda mais relevantes quando consideramos a dimensão social dos dados (*social dimension of data*), conceito trabalhado por Acemoglu. Esse conceito demonstra que os dados compartilhados por um usuário não afetam somente aquele indivíduo, mas também outros titulares. O autor divide essa ideia em duas principais consequências: (1) externalidades de dados, que podem ser positivas ou negativas, demonstrando que o compartilhamento de dados de um usuário também revela informações sobre outros usuários; e (2) *submodularity*, que demonstra como ao afetar outros usuários, o compartilhamento de dados pessoais de um indivíduo, transforma os dados dos outros indivíduos em menos valiosos.[30]

Esses efeitos ficam claros tendo em vista que algoritmos usam dados de outras pessoas para moderar o conteúdo direcionado para outros usuários, criando relações entre gostos de pessoas que têm interações semelhantes. O famoso caso *Cambridge Analytica* ilustra bem esse cenário: apesar de somente alguns usuários do Facebook terem consentido interagir com a plataforma, foi possível inferir informações da personalidade de muitos outros usuários. É claro que esse caso vai além, tendo em vista que a empresa acessou dados de usuários sem seu consentimento, mas ainda que tivesse somente trabalhado com informações dos usuários que mantinham relação direta com a empresa de análise, seria possível compreender a personalidade de vários outros indivíduos que não mantinham nenhum tipo de relação com a companhia, que sequer tiveram seus dados pessoais diretamente processados.

Por isso é tão importante para as empresas o engajamento dos usuários nas plataformas; ao interagir com uma postagem, a plataforma

---

[29] NEMITZ, P. Profiling the European Citizen: Why today's democracy needs to look harder at the negative potential of new technology than at its positive pote. In: *BEING PROFILED – COGITAS ERGO SUM:* 10 YEARS OF PROFILING THE EUROPEAN CITIZEN. Bruxelas: Amsterdam University Press, 2018. p. 8-11.

[30] ACEMOGLU, D. *Harms of AI*: NBER Working Paper Series. Cambridge, 2021.

é capaz de criar inferências e relações sobre seus interesses à semelhança do que tem relação com àquela página – sejam páginas semelhantes, preferências de consumo que tendem a ser parecidas etc. Nesse sentido, o não interagir com uma postagem também gera engajamento, a partir da lei de potência, uma vez que a plataforma é capaz de mapear seu desinteresse por tal tópico. Ainda, mesmo que você não seja um usuário, é possível que determinada plataforma consiga te categorizar e comercializar seu perfil, a partir de todas essas inferências e possibilidades de associação.[31]

Para que tais relações sejam criadas de forma bastante eficaz, é muito importante que os algoritmos contem com auxílio de humanos que descobrem relações estatísticas entre comportamentos humanos. Dessa forma, esses profissionais aprimoram os algoritmos, porque adicionam um critério humano nessas relações, permitindo que essas correlações entre informações de terceiros sejam ainda mais certeiras. Sumpter nomeia esses profissionais de alquimistas de dados, mas ressalta que não há rigor metodológico em tais suposições.[32]

Efeito interessante dessas correlações é o fortalecimento das câmaras de eco, a partir da criação de bolhas-filtro. As câmaras de eco são criadas a partir do comportamento humano de aproximação entre semelhantes, então, pessoas tendem a se conectar com pessoas com pensamentos semelhantes. Tendo isso em vista, os algoritmos criam bolhas-filtro, que é esse efeito potencializado, em que você recebe o conteúdo selecionado a partir dos seus engajamentos anteriores e inferências criadas a partir deles. A visibilidade de determinado conteúdo, inclusive publicitário, passa a depender de uma relação entre seu interesse sobre o assunto e a sua proximidade a quem compartilhou.[33]

Essa moderação é de suma importância quando pensamos que círculos sociais se tornaram a principal fonte de influência aos consumidores.[34] Ou seja, ainda que uma organização não consiga influenciar diretamente determinado consumidor, pode alterar seu ciclo da bolha-filtro e acabar influenciando indiretamente esse indivíduo. Então, a coleta de dados pessoais, diretamente ou indiretamente, permite a criação de ambientes de influência de grande eficiência.

---

[31] SUMPTER, 2019.
[32] Ibid.
[33] Ibid.
[34] KOTLER, P.; KARTAJAYA, H.; SETIAWAN, I. *Marketing 4.0*: do tradicional ao digital. Rio de Janeiro: Sexante, 2017.

Tudo isso demonstra que o capitalismo de vigilância tem utilizado de conhecimentos da psicologia e da economia comportamental para o desenvolvimento do modelo de negócios. Dessa forma, cada vez mais, as empresas irão buscar utilizar esses recursos para influenciar o comportamento futuro dos usuários. O impacto social é motivo adicional para a garantia de proteção como direito fundamental dos dados pessoais.

Por isso, é tão importante que em todo o desenvolvimento dessa matéria sejam definidos perfis inaceitáveis no processo de perfilização dos usuários, além de ser essencial que trabalhos e regulações busquem delimitar as diferenças entre influência e persuasão ilícita, criando métodos para detectar e proibir a utilização de métodos opacos de convencimento. Somente com essas limitações será possível a exploração lícita do mercado de publicidade digital e direcionada.

1.2 O marketing direcionado

A publicidade passou a ocupar um local de suma importância para o capitalismo de vigilância, tendo em vista que as práticas de *marketing* influenciam os valores, comportamentos e condutas de determinada sociedade.[35] Ou seja, o *marketing* é o instrumento utilizado para garantir a influência das empresas sobre o comportamento instantâneo ou futuro dos consumidores.[36]

O desenvolvimento do *marketing* digital segue a lógica do desenvolvimento dos próprios modelos de negócio da internet. No início da internet, o mundo digitalizado era marcado pela oferta de produtos e conhecimento gratuitos, o que transformava negócios digitais em modelos não rentáveis. Ao perceber tal fato, várias empresas buscaram adotar métodos de cobrança de seus usuários, o que não foi bem recebido. Diante disso e tendo em vista que o uso excessivo de dados é característico da internet, empresas começaram a buscar formas de monetizar seus negócios.

---

[35] BASAN, A. P. *Publicidade digital e proteção de dados pessoais*: direito ao sossego. Indaiatuba, SP: Editora Foco, 2021.
[36] Anúncios publicitários podem ter vários objetivos e, por isso, existem regulações específicas sobre determinados temas, como publicidade eleitoral. Esse exemplo é bastante complexo e apresenta outros riscos e consequências, principalmente a partir do direcionamento de conteúdo. Contudo, o foco do trabalho é a propaganda direcionada com enfoque comercial.

Assim, encontraram na venda de anúncios um modelo eficaz, tendo em vista que os produtos ainda seriam ofertados gratuitamente para os usuários, mas as empresas começariam a lucrar, ao passo que o tratamento de dados continuaria semelhante ao que já era feito. Inicialmente, os anúncios eram produzidos para o público geral em massa (e.g., venda de banners em sites), mas com a justificativa de buscar melhores resultados, empresas que oferecem espaços de publicidade em suas plataformas começaram a direcionar os anúncios a partir do processamento de dados pessoais.[37]

O tratamento de dados possibilitou o grande desenvolvimento na publicidade direcionada, que pode ser compreendida como a publicidade criada especialmente para uma categoria de usuários ou para um único usuário, demonstrando o que eles querem ver, ouvir a fim de persuadir aquela categoria a agir da forma pretendida.

A propaganda em massa já traz diversos efeitos para uma sociedade. O poder de convencimento de determinado anúncio é capaz de mitigar o pensamento livre e individualizado de uma pessoa, incentivando ações do público-alvo que estão alinhadas com o melhor interessa das empresas, mas não necessariamente do usuário. Contudo, os limites dos efeitos dos anúncios em massa também são bem claros, uma vez que elaborar uma peça publicitária capaz de influenciar efetivamente diversas pessoas ao mesmo tempo é bastante difícil. Mas, a propaganda personalizada diminui esses limites, aumentando o poder de convencimento de cada anúncio, apresentando maior risco de mitigação da individualidade humana.[38]

A personalização publicitária pode se dar de várias formas, como com a apresentação de conteúdo diferenciado para cada pessoa. Exemplo disso é a customização personalizada das fotos de capa dos filmes na Netflix, um usuário com preferências por filmes de terror será apresentado com imagens no catálogo mais escuras; enquanto outro usuário que consome muitas obras com temáticas relacionadas à raça será apresentado uma lista de seleção com imagens dos atores negros que participam daquela produção – muitas vezes dando a entender que aqueles atores são protagonistas enquanto não são.[39]

---

[37] POSNER; WEYL, 2019.
[38] ARENDT, Hannah. As origens do totalitarismo. *In*: FRAZÃO, Ana. O negócio das fake news e suas repercussões. *JOTA*, 2020: "Para Arendt, o objetivo final de todas essas estratégias e técnicas de propaganda e manipulação de massas é um só: reforçar o isolamento das pessoas e suprimir o pensamento libre, a espontaneidade e a capacidade individual de fazer escolhas, sobre as consequências dessas escolhas e poder mudar de opinião".
[39] BARTON, G. Why your Netflix thumbnails don't look like mine. *Vox*. 2018. Disponível em: https://www.vox.com/2018/11/21/18106394/why-your-netflix-thumbnail-coverart-changes.

Também é possível que o direcionamento se dê a partir da compreensão do melhor momento de convencimento do usuário, o chamado "moment marketing".[40] Ou seja, a empresa encontra formas de direcionar determinado anúncio no período em que o seu perfil está mais suscetível a ele, como o envio de anúncios de redes de fast-food quando você entra em um shopping que tem uma dessas empresas em sua praça de alimentação.

O fato é, o marketing direcionado funciona a partir da compreensão do perfil do usuário, facilitando o envio de anúncios mais efetivos. Ao ser combinada com outras áreas de expertise, como economia e psicologia, os riscos das propagandas direcionada foram aumentados. Agora, a propaganda personalizada feita a partir do tratamento de dados pessoais relativos diretamente a você ou a outras pessoas aumenta demasiadamente o risco de o titular perder o seu controle de escolha, tendo em vista que a organização responsável pelo tratamento buscará atuar nos momentos de maior fragilidade do usuário e do modo que tenha maior influência sobre o indivíduo.

A propaganda direcionada pode ser subdividida em (i) contextual; (ii) segmentada; e (iii) comportamental online. Na primeira, a criação da estratégia de *marketing* perpassa a avaliação do conteúdo que será veiculado. Seria o caso de o anúncio de um carro em *site* de notícias automóveis, considerando, o ambiente propício para a cativação do consumidor. Já a publicidade segmentada considera o público-alvo que seria atingido por aquele anúncio para definir a estratégia de *marketing*. Exemplo seria a veiculação de uma propaganda de *videogame* em um sítio eletrônico sobre super-heróis, tendo em vista que o público desse *site* é majoritariamente composto por adolescentes, que também são os principais usuários de jogos eletrônicos.[41]

A publicidade comportamental *online* é a grande inovação da sociedade da informação. A partir dos dados coletados por diversos instrumentos tecnológicos, como *cookies*, inclusive *cookies* de terceiros, as empresas que vendem espaços para anúncios *online* conseguem direcionar os produtos para os perfis mais suscetíveis ou mais específicos buscados pelos anunciantes.

---

[40] Sobre o "moment marketing", o Google Ads disponibiliza uma página demonstrando como a escolha do momento de envio do anúncio é crucial para garantir a efetividade do marketing digital. Disponível em: https://ads.google.com/intl/en_in/home/resources/moment-marketing-in-your-google-ads-campaign/.

[41] BIONI, B. R. *Proteção de Dados Pessoais*: A Função e os Limites do Consentimento. 2. ed. Rio de Janeiro: Forense, 2019.

O desenvolvimento da propaganda digital perpassa a ideia de que os anúncios personalizados trazem diversas eficiências para o mercado, tendo em vista que a perfilização gera maior chance de convencimento do usuário. Cada vez mais os anunciantes buscam compreender quem é o titular dos dados, angariando o maior número de informações possíveis, para criação de anúncios publicitário mais eficazes. Ressalta-se, contudo, que pesquisas sobre publicidade demonstram que esse mercado ainda não se preocupa com a privacidade contextual,[42] não considerando os efeitos de práticas publicitárias para os direitos à privacidade e à proteção de dados. Ou seja, as organizações estão realizando diversos tratamentos de dados, mas sem grande atenção aos limites impostos a esses processamentos. Isso é amplamente justificado pelas empresas a partir da ideia de criação de eficiências para os titulares ao mesmo tempo em que há benefícios empresariais, existindo uma verdadeira "via de mão dupla".

Contudo, antes de mesmo de comprovar as alegadas eficiências, a prática de utilização de marketing direcionado já é utilizada por grande parte dos agentes do mercado, de tal forma que os riscos oriundos não são considerados pelas empresas. Dessa forma, anunciantes se utilizem de informações pessoais para garantir maior engajamento e retorno dos consumidores, compreendendo como e onde interagir com os usuários, sem mitigar os possíveis danos aos usuários.

Isso fica ainda mais claro em situações em que o tratamento de dados pessoais está sendo feito de forma secundária ou mascarada. Sobre a falta de transparência, é essencial ter em mente que determinados tipos de criação de perfis nunca serão aceitáveis, independentemente das alegadas eficiências existentes, principalmente considerando os riscos em classificar os usuários de certa forma que permita a exploração de suas vulnerabilidades, perfil psicológico ou outras características bastante sensíveis. Também é necessário considerar o contexto da utilização de tais práticas publicitárias, a fim de garantir a observância da privacidade e da proteção de dados em cada caso, considerando a privacidade contextual, que vai além da definição teórica, partindo para avaliação prática.

Movimento interessante visto no capitalismo de vigilância com a finalidade de mascarar a propaganda direcionada e que remete a essa discussão é a maior utilização de marketing de conteúdo. Essa prática consiste na marca distribuindo conteúdo autoral, mas que é pesquisável

---

[42] BLEIER; GOLDFARB; TUCKER, 2020.

e compartilhável pelos consumidores. É uma abordagem que envolve criar, selecionar, distribuir e ampliar conteúdo relevante para grupo determinado, a fim de gerar engajamento.

A criação do marketing de conteúdo segue alguns passos: (1) definição de metas; (2) mapeamento do público, a partir de parâmetros geográficos, demográficos, psicográficos e comportamentais – quanto mais específico, melhor; (3) concepção e planejamento; (4) criação e conteúdo, o que inclui patrocinar o conteúdo de terceiros; (5) distribuição do conteúdo através de canais próprios, pagos e conquistados; (6) ampliação do conteúdo; (7) avaliação do marketing de conteúdo através de métricas de visibilidade; e (8) melhoria do marketing de conteúdo.[43]

Considerando que as organizações buscam formas de garantir maior efetividade das propagandas, entende-se que a vinculação da publicidade com a narrativa traz mais eficiência para o anúncio vinculado. Tendo em vista que as propagandas passaram a ser embutidas nos conteúdos, a personalização ou o direcionamento de conteúdos também devem ser afetados pelas regras de marketing.[44] Ou seja, é importante que as regras sobre perfilização sejam capazes de abarcar além do conteúdo publicitário, porquanto várias práticas de influência não estão em propagandas propriamente ditas, garantindo a proteção de direitos e liberdades fundamentais em diversos contextos.

O marketing de conteúdo se mistura, também, com o marketing de influência. Essa ideia é de suma importância para novas práticas desenvolvidas pelas organizações, como o *unboxing*[45] ou envio de produtos para influenciadores nichados que divulgam os bens em suas redes sociais, atuando no passo (4) da criação do marketing de conteúdo.

Essa prática gera tantos efeitos devido à existência do "neurônio-espelho" nos humanos. Esse "neurônio" faz com que os humanos sintam sensações semelhantes ao ver alguém fazendo algo. Ou seja, ao vermos alguém abrindo um produto, sentimos uma sensação semelhante e, por isso, buscamos repetir essa ação.[46]

Assim, também se tem o marketing de influência, que consiste na contratação de criadores de conteúdo em mídias sociais para a criação de

---

[43] KOTLER; KARTAJAYA; SETIAWAN, 2017.
[44] LINDSTROM, 2008.
[45] *Unboxing* consiste em uma pessoa filmando-a abrindo caixas de produtos. Essa prática ficou muito popular com criadores de conteúdo, especialmente àqueles que produzem material para o público infantil, abrindo, dessa forma, brinquedos. BUIST, E. Unboxing – they YouTube phenomenon that lets you see what you're getting. *The Guardian*, 2014.
[46] LINDSTROM, 2008.

publicidade. O direcionamento do marketing nesse sentido se relaciona com as áreas de envolvimento do influenciador, compreendendo o perfil dos seguidores. Então o número de seguidores não é tão relevante.[47] Dessa forma, muitos influenciadores utilizam informações sobre seus seguidores e o engajamento deles em suas redes sociais como moeda de troca para vender a sua atividade publicitária.

Contudo, na exploração dessas formas de publicidade com alta opacidade não se considera que várias vulnerabilidades psicológicas dos usuários são exploradas para garantir os fins pretendidos. Com o amplo processamento de dados pessoais combinado com utilização de máquinas automatizadas, é cada vez mais possível compreender as melhores formas de influência, inclusive sobre o comportamento humano em geral.

Essas técnicas, apesar de já serem utilizadas por organizações, ainda contam com baixas regras sobre transparência. A falta de transparência com o consumidor vai de encontro às melhores práticas publicitárias que prezam por grande sinalização de conteúdo de marketing. As sinalizações permitem que o titular tenha a capacidade de agir sobre o mercado para garantir o melhor interesse do próprio indivíduo; portanto, trabalhar com falta de transparência possibilita a classificação de determina prática como injusta, uma vez que está de acordo com as melhores práticas de marketing, adentrando a ideia de manipulação.[48]

A escolha pela falta de sinalização e transparência se relaciona com critérios psicológicos que passaram a ser explorados em publicidades. Ainda que racionalmente escolhamos ignorar determinadas propagandas, o nosso consciente é afetado pelas constantes ofertas de consumo oferecidas aos usuários.[49] Cada vez mais são utilizadas formas de envolvimento direcionado psicológico intencional, como *neuromarketing*, caracterizado pela aplicação de *insights* da neurociência, da psicologia e da economia comportamental para criação de publicidades mais eficazes.[50]

Esse campo de estudos é marcado pela união da ciência com o marketing, buscando explicar a lógica do consumo cientificamente, alcançando inferências antes impossíveis, gerando uma mudança

---

[47] ANDRADE, A. B. O marketing de influência na comunicação publicitária e suas implicações jurídicas. *Internet&Sociedade*, v. 1, n. 2, p. 31-53, 2020.
[48] CALO, 2014.
[49] BASAN, 2021.
[50] BRIDGER, D. *Neuromarketing*: como a neurociência aliada ao design pode aumentar o engajamento e a influência sobre os consumidores. São Paulo: Autêntica Business, 2019.

de paradigma para as organizações que antes dependiam da sorte e agora se baseiam na ciência para o desenvolvimento de ações publicitárias, cada vez mais eficientes. Ressalta-se, ainda, que ao falarmos de publicidade, também estamos lidando com a ideia de *design*, tendo em vista a relevância da escolha de um design para o envio de determinada ideia; por isso, ao longo desse estudo, as compreensões sobre *marketing* perpassam a ideia de *design*, o que inclui o *neuromarketing* e o *neurodesign*.[51] O conceito de *neuromarketing*, relacionado à economia comportamental ganha ainda maior destaque no momento em que neurodireitos estão sendo discutidos e protegidos, como em previsões da Constituição chilena. Isso demonstra a importância da proteção de aspectos como a livre escolha e o direito ao descanso, para garantir a observância de neurodireitos.

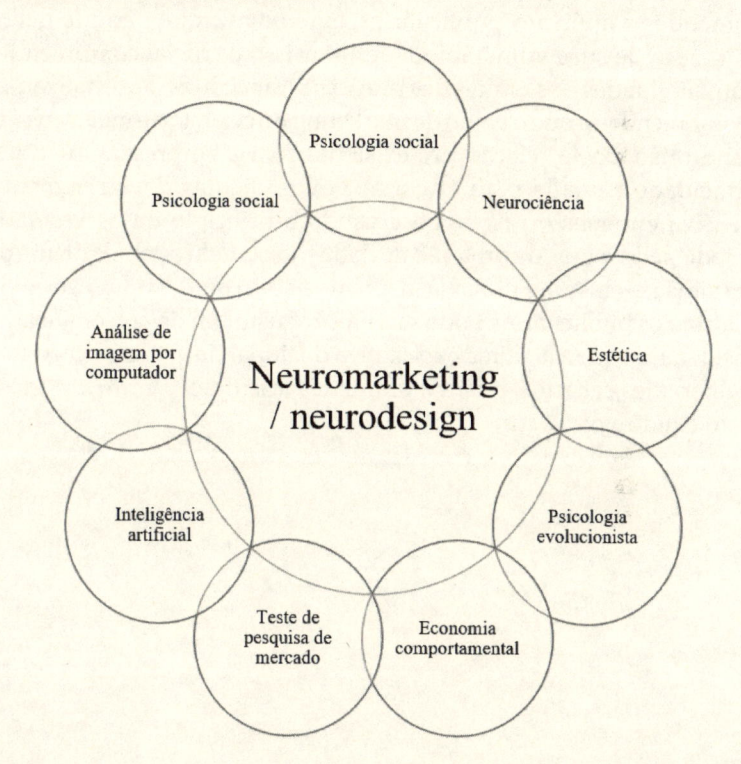

FIGURA 1 – "O que é neuromarketing ou neurodesign" (LINDSTROM, 2008)

---

[51] LINDSTROM, M. *A lógica do consumo*: verdades e mentiras sobre por que compramos. Rio de Janeiro, 2008.

O cenário atual é, então, marcado pela busca de interação constante com futuros consumidores, garantindo a interação on-line e off-line entre empresas e consumidores para aumentar as chances de convencimento do consumidor. Isso é o que caracteriza o denominado "marketing 4.0", conceito trazido por Kotler, Kartajaya e Setiawan, resultado da evolução do marketing tradicional para o marketing digital. O tradicional é feito para garantir o início da interação com o cliente, já o digital busca garantir a efetiva compra (ou alcançar os resultados pretendidos).[52]

Dessa forma, as propagandas atuais dependem de instrumentos que funcionem online e off-line, caracterizando o *marketing* onicanal, que integra vários canais para garantir uma experiência de consumo contínua e uniforme.[53] Isso faz com que os consumidores estejam sempre submetidos a anúncios publicitários, algo novo e que permite maior exploração de suas vulnerabilidades. Por isso é crucial compreender as possibilidades e os limites das práticas publicitárias personalizadas.

Entende-se que o envio de marketing direcionado é mais sensível quando não existe relação pré-existente com a empresa. Ou seja, a publicidade enviada para angariar novos clientes deve ser menos ostensiva e menos invasiva, observando o princípio da necessidade adotado pelas regras de proteção de dados. Já quando estamos diante de uma situação em que o titular já mantém relação com a empresa, o envio de anúncios publicitários pode ser mais robusto e mais personalizado, considerando que a legítima expectativa do titular de que isso ocorrerá.[54] Os diferentes cenários geram a diferente classificação entre *marketing* direto e indireto:

---

[52] KOTLER; KARTAJAYA; SETIAWAN, 2017.
[53] Ibid.
[54] SANTOS, I. M. R. *O Legítimo Interesse do Controlador ou de Terceiro no Tratamento de Dados Pessoais*. 2019. Universidade de Brasília, 2019.

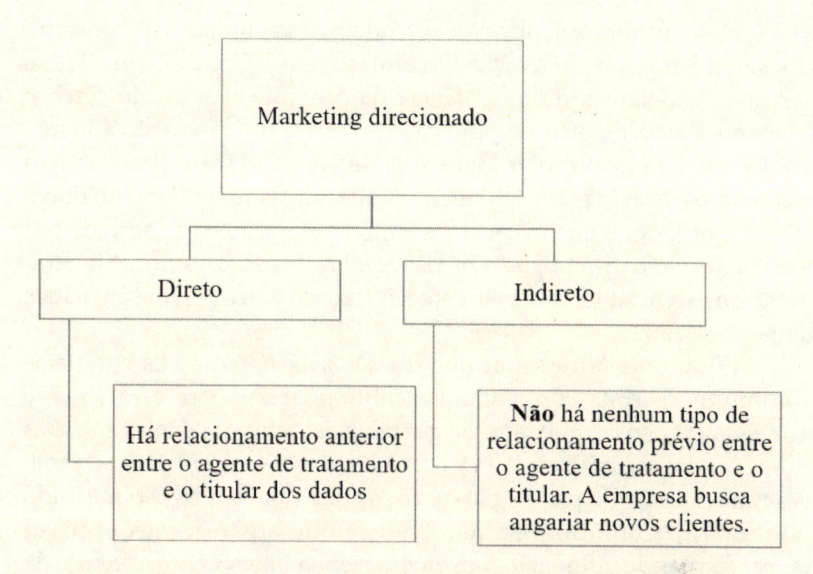

```
                    ┌─────────────────────────┐
                    │  Marketing direcionado  │
                    └─────────────────────────┘
                         │              │
              ┌──────────┘              └──────────┐
              ▼                                    ▼
        ┌──────────┐                        ┌──────────┐
        │  Direto  │                        │ Indireto │
        └──────────┘                        └──────────┘
              │                                    │
              ▼                                    ▼
   ┌──────────────────────┐           ┌──────────────────────────┐
   │ Há relacionamento    │           │ Não há nenhum tipo de    │
   │ anterior entre o     │           │ relacionamento prévio    │
   │ agente de tratamento │           │ entre o agente de        │
   │ e o titular dos dados│           │ tratamento e o titular.  │
   │                      │           │ A empresa busca angariar │
   │                      │           │ novos clientes.          │
   └──────────────────────┘           └──────────────────────────┘
```

FIGURA 2 – Marketing direto e indireto. Elaborada pela autora.

Ainda, para garantir a validade de um anúncio direcionado, é importante que a determinação do público-alvo seja precisa. Para tanto, profissionais de marketing devem determinar para quem serão direcionados os anúncios, algo essencial para o marketing digital, tendo em vista a necessidade de interesse e relevância do anúncio para o titular alvo da publicidade, sob pena das mensagens publicitárias serem consideradas como spam.[55] Entende-se, ainda, que essa categorização deve ser registrada, para garantia de prestação de contas e eventuais responsabilizações.

O grande objetivo de empresas é influenciar o consumidor para a compra de determinado produto e outras compras futuras e, para tanto, utilizam da publicidade. Contudo, para o sucesso desse objetivo, precisam compreender como atuar de forma a efetivamente influenciar o consumidor e, por isso, as práticas de neuromarketing, que mapeiam o comportamento do titular, são tão relevantes. A partir desse conhecimento é possível gerar a perfilização persuasiva, acessando os estilos cognitivos do titular.[56]

---

[55] KOTLER; KARTAJAYA; SETIAWAN, 2017.
[56] CALO, R. Digital Market Manipulation. *Geo. Wash. L. Rev.*, [s. l.], v. 995, p. 996-1050, 2014.

Dessa forma, organizações entendem as fragilidades do consumidor *online* para garantir as ações do titular, como o fato desse indivíduo ser mais imediatista e da existência da preguiça natural do cérebro humano. Então, a partir da publicidade correta, no momento adequado, é possível que o titular tome uma decisão apressada, baseada em fragmentos de evidência, fenômeno conhecido como fatiamento fino.[57]

Contudo, o que não se leva em consideração na criação de tais estratégias de marketing são os riscos e limites ao usuário. Primeiramente, é essencial ter-se em mente a diferença entre persuasão lícita e a manipulação.

É importante ressaltar que o *neuromarketing* e ações correlatas vão muito além das propagandas subliminares. Sobre esse tema, é interessante pensar que, apesar de não existirem evidências sobre as propagandas subliminares, a ONU declarou que essa prática era ilegal. Foi uma decisão de prevenção de riscos que pouco afetou o mercado publicitário. Contudo, isso não impede que organizações utilizem outras formas de influência com efeitos semelhantes, como a técnica de pré-ativação, que consiste na exploração do fato de que as imagens que vemos imediatamente antes ou no momento da nossa tomada de decisão podem influenciar o comportamento humano de forma não racional.[58]

Então, apesar de não existir tantas evidências sobre as propagandas subliminares, optou-se por considerar tal prática como abusiva e impedir seu uso, ao se considerar os possíveis riscos atrelados a tal técnica. Contudo, tal indicação foi feita por entidade não vinculante, a ONU, e, portanto, várias empresas continuam a utilizar métodos de propagandas subliminares ou equivalentes. Contudo, considerando o marketing direcionado, deve-se avaliar que a propaganda subliminar em massa já era desaconselhada pelos possíveis riscos oriundos da prática, o que demonstra como a propaganda subliminar personalizada deveria ser banida *per se*.

Esse exemplo demonstra a importância da regulação estrita quando existem possíveis riscos para o titular, o que já foi feito em casos de publicidade e deve ser considerado nesse momento do capitalismo de vigilância. Outro exemplo de proibição preventiva, são os limites existentes no Brasil para a veiculação de propagandas para o público infantil, ilustrada pelo anúncio conhecido como "Compre Baton!", objeto de discussão sobre como crianças são mais influenciáveis e,

---

[57] BRIDGER, 2019.
[58] BRIDGER, 2019.

portanto, propagandas com tom tão imperativo não devem ser destinadas ao público infantil.[59] Logo, é necessário compreender os efeitos do neuromarketing e limitar os riscos relevantes do uso dessa prática a partir de regulação proibitiva.

A incorporação de mecanismos de neurodesenvolvimento no sistema publicitário é ardilosa, de forma que as empresas atuam nas lacunas. Dessa forma, é extremamente relevante que o Direito também incorpore, em parte, elementos de outras disciplinas, como psicologia e economia, para garantir a efetiva regulação das práticas atuais publicitárias, a fim de garantir a proteção da figura mais vulnerável, o consumidor. Já em 1890, Warren e Brandeis afirmavam a necessidade de reconhecimento de pensamentos, emoções e sensações como bens que demandam proteção legal. Esses bens deveriam ter alguma proteção semelhante aos bens protegidos pelo direito à privacidade.[60]

Já se discute publicidade, e até neuromarketing, há muito tempo, e as conclusões são bastante alarmantes: vulnerabilidades dos usuários são exploradas a fim de persuadir o usuário a ter determinado comportamento, a partir da exploração de definição de vulnerabilidades. Os anunciantes atuam em lacunas legais. Não há limites sobre a compreensão do que é mera persuasão e o que é manipulação, apesar de considerar-se que a manipulação é totalmente contrária a ideia do livre desenvolvimento humano. Esse cenário já se perpetua há séculos e, agora, os riscos são maiores quando pensamos nesses usos de forma personalizada, mas ainda sem limites para manipulação do usuário.

Com isso, começamos a compreender a importância da transparência para garantir a legalidade das práticas publicitárias. Tais esclarecimentos são essenciais para evitar a exploração ilícita de dados pessoais. Ressalta-se que várias práticas de publicidade realizadas atualmente dependem dessa exploração ilegal de dados, tendo em vista a falta de avaliação de riscos para os titulares. É importante que um usuário saiba que está recebendo determinado anúncio, porque a empresa anunciante o catalogou de determinada forma e a partir do processamento de determinados dados.

Portanto, é importante que desde o início alguns perfis criados para fins publicitários sejam proibidos, como pródigos ou idosos que não irão compreender todas as consequências de determinada compra

---

[59] FREITAS, Aiana. Projetos atacam propagandas para crianças; relembre casos. *UOL*. 2013. Disponível em: https://economia.uol.com.br/noticias/redacao/2013/02/07/projetos-de-lei-proibem-propaganda-e-oferta-de-brindes-para-criancas.htm.

[60] WARREN; BRANDEIS, 1890.

ou até qualquer perfil puramente baseado em tratamento de dados sensíveis. A exploração consciente de determinadas vulnerabilidades deve ser rechaçada. Os dados pessoais utilizados para fins de marketing devem ser somente aqueles totalmente necessários e relacionados com o mercado. Portanto, vários dados psicológicos e comportamentais não devem ser coletados por organizações para fins publicitários, principalmente quando individualizados, sob pena de caracterização de prática manipulativa, pela possibilidade de mitigação do livre pensamento.

Ainda, nesse sentido, é importante ter em mente que direcionamentos baseados em determinadas categoriais sensíveis, como gênero, raça ou etnia, podem excluir determinados grupos de receber propostas comerciais interessantes. Portanto, cabe às organizações comprovar que eventuais personalizações baseadas em aspectos pessoais de titulares são positivas para aquele grupo e não impedem que outros grupos recebam propagandas interessantes.[61] Ou seja, em casos de tratamento de informações sensíveis, deve existir, pelo menos, uma contra prova de que os resultados daquele tratamento são positivos.

Sobre os limites de atuação no mercado de *marketing* direcionado, buscaremos endereçar o uso de critérios psicológicos nas práticas do *marketing* direcionado e quais situações são consideradas práticas abusivas de publicidade.

1.2.1 Das práticas manipulativas

A exploração de vulnerabilidades, de características sensíveis e que fogem do controle do usuário, a falta de transparência, entre outras práticas são utilizadas para garantir que o usuário seja convencido a ter determinado comportamento. Tais práticas são utilizadas por empresas para essa finalidade, a partir da ideia de publicidade. Entretanto, esses usos são contrários a várias ideias de legalidade e ética, inclusive por retirar a possibilidade de escolha do titular, saindo da persuasão, relacionada à publicidade, e alcançando a manipulação, prática ilegal.

A publicidade é uma prática legítima e que traz diversos benefícios para as organizações, que podem divulgar seus produtos, serviços e até os ideais seguidos por aquela marca. Diversas das práticas expostas até o momento são legítimas e positivas para a economia. Contudo, principalmente considerando o avanço das técnicas utilizadas para fins

---

[61] CÔRREA, Ana Maria. *Regulating targeted advertising*: addressing discrimination with transparency, fairness, and auditing tests remedies. Elsevier Ltd., 2022.

publicitárias envolvendo a psicologia e a economia comportamental e o tratamento de dados pessoais, várias atividades realizadas por organizações para fins publicitários podem ser consideradas manipulativas.

Ao individualizar um anúncio publicitário, é bastante difícil não encontrar alguma barreira relacionada ao direito à proteção de dados pessoais ou outras ramificações de direitos fundamentais. Ademais, todos estão suscetíveis à manipulação, inclusive porque nenhum indivíduo tem acesso ilimitado à informação, principalmente no cenário de marketing direcionado.[62] Deve-se então, compreender quais são os limites e regras que devem perpassar o marketing direcionado para mitigar os riscos de manipulação do titular.

Defende-se que a principal diferença entre propaganda – lícita – e manipulação é o fato de que a primeira segue as regras de transparência, ética e proteção à individualidade e a última aproveita de truques cognitivos que exploram vulnerabilidades para garantir que o consumidor tome decisões rápidas, não racionais e, muitas vezes, contrárias a sua vontade.[63]

Ao se considerar o marketing direcionado, as regras devem ser ainda mais estritas. Primeiramente, deve-se compreender que alguns critérios éticos e legais são indisponíveis, como os direitos fundamentais e os princípios da LGPD. Além disso, a transparência, deve compreender a divulgação de quais dados fazem parte do direcionamento e quais tipos de classificação são utilizadas, para garantir que o usuário possa compreender de qual forma está sendo compreendido por determinada organização. Isso também permitirá que o consumidor atualize qualquer inferência incorreta ou indesejável. Caso esses pontos não sejam observados, a prática de persuasão pode ser considerada como uma prática manipulativa, devido aos efeitos ao usuário e a alta opacidade.

Essas práticas manipulativas de design e publicidade podem, muitas vezes, ser traduzidas pelo conceito de *dark patterns* (também conhecidos como padrões manipulativos ou práticas obscuras/opacas). Esses padrões são compreendidos como formas de design que influenciam o usuário a tomar decisões indesejadas ou com potencial risco para seus interesses e privacidade, inclusive com ampla coleta

---

[62] VÉLIZ, C. *Privacidade é poder*: por que e como você deveria retomar o controle de seus dados. São Paulo: Editora Contracorrente, 2021.
[63] STIGLER CENTER FOR THE STUDY OF THE ECONOMY AND THE STATE. *Stigler Committee on Digital Platforms* – Final ReportChicaco Booth. [S. l.: s. n.], 2019. Disponível em: https://research.chicagobooth.edu/stigler/media/news/committee-on-digital- platforms-final-report.

de dados.[64] Ou, conforme definição em desenvolvimento pela OCDE, são práticas que influenciam o indivíduo a agir de determinada forma, compatível com os interesses da empresa, mas não necessariamente compatível com os interesses da pessoa.[65] Essas técnicas confundem os usuários e, portanto, devem ser compreendidos como instrumentos de manipulação e não persuasão.[66]

Dentre os principais tipos de manipulação podemos citar: a manipulação por aumento de custos de transação; e a manipulação por atacar vulnerabilidades identificadas. A primeira pode ser compreendida como o design elaborado para facilitar determinada atividade e dificultar a outra (ex.: aumento de cliques necessários para se descadastrar de uma lista de e-mail marketing e destaque para a opção de cadastramento para receber promoções). Já a segunda é mais difícil de identificar e se relaciona diretamente com as técnicas de neuromarketing, como quando promoções são enviadas em momentos específicos de decisão que utilizam o sistema rápido de decisões, retirando a real autonomia do titular.[67]

Para exemplificar esses tipos de manipulação, diversos estudos já foram publicados com lista de categorias de tipos de *dark patterns* que podem ilustrar os riscos inerentes ao uso dessas tecnologias por empresas. A seguinte imagem busca trabalhar e traduzir essas categorias, além de demonstrar a sua relação com as categorias de manipulação adotas:

---

[64] EDPB. Guidelines 3/2022 on Dark patterns in social media platform interfaces: How to recognise and avoid them. Version 1.0. [s. l.], n. March, p. 32022, 2022. Disponível em: https://edpb.europa.eu/our-work-tools/documents/public-consultations/2022/guidelines-32022-dark-patterns-social-media_de.

[65] OCDE, 2022, traz a seguinte definição em constante desenvolvimento "*Dark comercial patterns are business practices employing elements of digital choice architecture, in particular in online use interfaces, that subver or impar consumer autonomy, decision-making or choice. They often deceive, coerce or manipulate consumers and are likely to cause direct or indirect consumer detriment in various ways, though it may be difficult or impossible to measure such detriment in many instances*".

[66] STIGLER CENTER FOR THE STUDY OF THE ECONOMY AND THE STATE, 2019.

[67] Ibid.

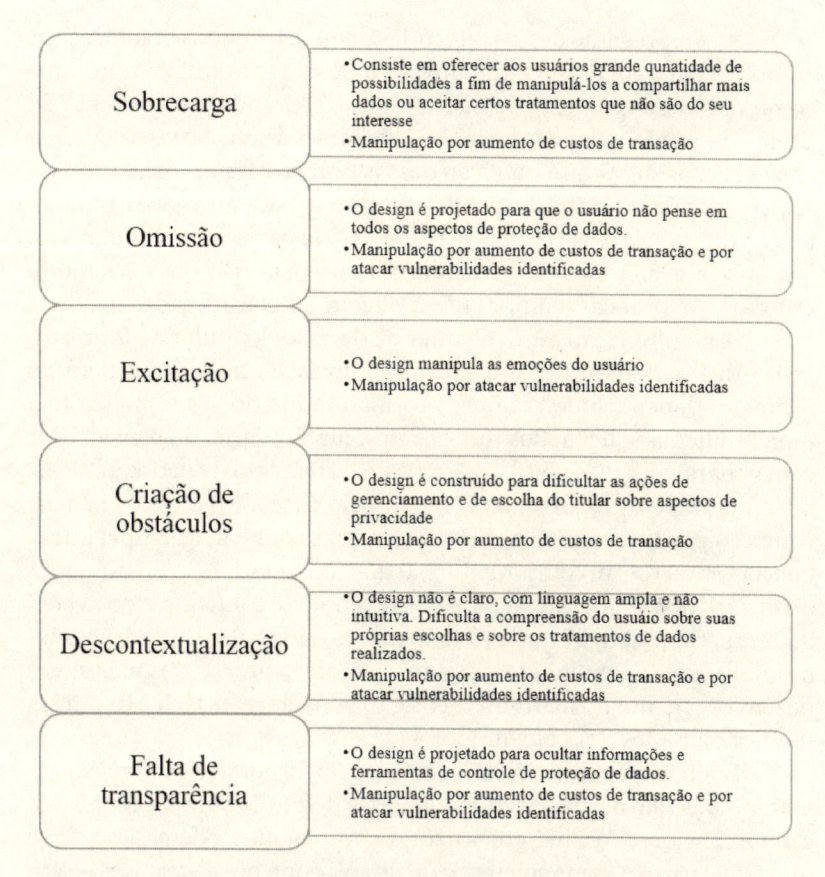

Sobrecarga	• Consiste em oferecer aos usuários grande qunatidade de possibilidades a fim de manipulá-los a compartilhar mais dados ou aceitar certos tratamentos que não são do seu interesse • Manipulação por aumento de custos de transação
Omissão	• O design é projetado para que o usuário não pense em todos os aspectos de proteção de dados. • Manipulação por aumento de custos de transação e por atacar vulnerabilidades identificadas
Excitação	• O design manipula as emoções do usuário • Manipulação por atacar vulnerabilidades identificadas
Criação de obstáculos	• O design é construído para dificultar as ações de gerenciamento e de escolha do titular sobre aspectos de privacidade • Manipulação por aumento de custos de transação
Descontextualização	• O design não é claro, com linguagem ampla e não intuitiva. Dificulta a compreensão do usuário sobre suas próprias escolhas e sobre os tratamentos de dados realizados. • Manipulação por aumento de custos de transação e por atacar vulnerabilidades identificadas
Falta de transparência	• O design é projetado para ocultar informações e ferramentas de controle de proteção de dados. • Manipulação por aumento de custos de transação e por atacar vulnerabilidades identificadas

FIGURA 3 – Categorização de *dark patterns* e tipos de manipulação, elaborada pela autora com base em Stigler (2019), EDPB (2022) e OCDE (2022).

A tentativa de categorizar as práticas opacas nunca será exaustiva, tendo em vista o desenvolvimento de novos instrumentos e a falta de conhecimento sobre atividades já existentes. Qualquer listagem apresenta determinado recorte temático e referencial, contudo, apresentar categorias é importante para evidenciar práticas e conscientizar reguladores e consumidores, e demonstrar riscos inerentes à adoção dessas práticas. Ressalta-se que os danos da utilização de práticas obscuras podem ser tanto individuais quanto coletivos, ressaltando a importância de limitação do uso dessas técnicas.[68]

---
[68] OCDE, 2022.

A compreensão dessas categorias demonstra que as organizações, ao adotarem padrões manipulativos, muitas vezes utilizam de uma combinação das técnicas de manipulação, retirando a autonomia do titular de forma mais evidente. Na avaliação dessas ações, é imprescindível considerar que a adoção dessas práticas manipulativas quase sempre depende de uma escolha empresarial, seja através de uma intenção direta seja pela escolha de não perceber os riscos manipulativos. Por isso, a avaliação sobre o uso dessas práticas não deve ser muito criteriosa[69] e práticas manipulativas devem ser consideradas ilícitas.

A manipulação retira o poder de decisão do titular de forma injusta e opaca. Portanto, práticas manipulativas devem ser consideradas ilícitas, independentemente de o formato adotado ser semelhante a uma publicidade lícita. Ressalta-se que a manipulação do consumidor com o marketing direcionado a partir do tratamento de dados pessoais é facilitado pelos fenômenos gerados pelo capitalismo de vigilância, como: (i) produção em massa de vieses; (ii) maior e mais ampla inteligência sobre o perfil comportamental dos consumidores; (iii) mudança do *marketing* ponta-a-ponta para o marketing de conteúdo e no design do marketing. Com o amplo tratamento de dados, uso de padrões manipulativos para obter determinados comportamentos dos usuários e desenvolvimento do neuromarketing é cada vez mais fácil explorar as vulnerabilidades dos consumidores.[70]

Logo, é imprescindível que sejam incorporadas definições de manipulação em normas regulatórias. Essa definição deve ser contextual e deve considerar os diferentes usos da propaganda. Além disso, deve ser revisitada constantemente para garantir que novas técnicas sejam abordadas, facilitando o desenvolvimento de formas de detecção e sancionamento. Mas, além da avaliação de contexto, algumas práticas devem ser consideradas ilícitas *per se*.

Primeiramente, temos os perfis inaceitáveis. A partir dessa ideia, compreende-se que determinadas formas de personalização de conteúdo são tão nocivas que devem ser proibidas de qualquer forma. Como exemplo, tem-se os perfis políticos;[71] ao direcionar propagandas para públicos a partir do perfil político de determinada pessoa, a própria

---

[69] STIGLER CENTER FOR THE STUDY OF THE ECONOMY AND THE STATE, 2019.
[70] CALO, 2014.
[71] O presente trabalho é focado em práticas de publicidade para fins comerciais. Contudo, ao se falar de risco, outros critérios e temas perpassam os riscos relacionados ao tratamento de dados pessoais. Além disso, apesar de não ser o tema da pesquisa, alguns tópicos se relacionam diretamente com a propaganda eleitoral direcionada.

democracia pode entrar em risco. Ainda que a propaganda não seja diretamente relacionada à propagação de um determinado conteúdo político, a existência e utilização de perfil que avalia as preferências políticas de determinado indivíduo traz diversos riscos além da realidade individual do titular, alcançando fragilidades do próprio Estado democrático.

Apesar de existirem diversas normas sobre a temática, ao verificar o cenário em que as propagandas eleitorais estão inseridas, muitas vezes não é possível separar perfeitamente o que é conteúdo eleitoral e o que não é. Por isso, o próprio banimento desse tipo de propaganda não parece ser suficiente,[72] de tal forma os tratamentos de dados que possam gerar algum tipo de perfil político devem ser banidos.

Os exemplos de perfis sensíveis não se esgotam na questão política. Pode-se olhar para a lista de dados sensíveis listados na LGPD[73] que já determinam categorias de informações que merecem proteção especial pelos possíveis efeitos discriminatórios que o tratamento desses dados pode gerar. Dessa forma, é possível considerar que o tratamento desses dados para fins publicitários se aproxima de práticas manipulativas. Portanto, o processamento de informações sensíveis para fins publicitários deve ser excepcional e o anunciante deve manter registro como ônus de prova de que o tratamento desses dados gerou efeitos positivos para os titulares dos dados.

Ainda temos as próprias características psicológicas individualizadas. É bastante difícil considerar que perfis de comportamento criados a partir do tratamento de dados relativos ao funcionamento psicológico de determinada pessoa não se assemelhem às propagandas manipulativas que buscam minar a vontade individual. Portanto, perfil comportamental psicológico deve ser compreendido como dado sensível para todos os fins de proteção da privacidade e dos dados pessoais.

Sobre como endereçar esses temas em regulações, destaca-se a nova proposta de regulação europeia que busca regular a utilização de sistemas de inteligência artificial (IA). A proposta traz uma abordagem protetiva que busca elencar *ex ante* utilizações inaceitáveis para as tecnologias de IA (riscos inaceitáveis); outras que somente são possíveis em situações muito determinadas (alto risco); cenários em que devem existir regras específicas de transparência (riscos limitados); e outros

---

[72] VÉLIZ, C. *Privacidade é poder*: por que e como você deveria retomar o controle de seus dados. São Paulo: Contracorrente, 2021.
[73] Art. 5º, inciso II, da LGPD.

usos com baixo risco e, portanto, com menores obrigações relacionadas (baixo ou mínimo risco).[74]

Nesse mesmo sentido perpassa a discussão sobre a regulação de IA no Brasil. No relatório final da Comissão de Juristas responsáveis pela elaboração do anteprojeto de lei sobre o tema, foram retratadas as discussões dos eventos públicos promovidos pelo grupo, em que foi defendida a proibição de determinados usos de tecnologias de IA justamente pelos riscos relacionados.[75] Logo, é desejável que as normas e decisões sobre marketing direcionado adotem abordagem semelhante, afastando práticas manipulativas e que mitiguem a liberdade individual.

Portanto, conclui-se que a publicidade manipulativa que leva os usuários a agirem de forma contrária à sua própria vontade já deve caracterizar dano ao consumidor e, portanto, é ilícita. Além disso, na regulação sobre o tema, é imprescindível compreender que não se trata de regulação da liberdade de expressão e que é necessário que as empresas adotem documentos de avaliação de risco para eventuais auditorias, que poderão avaliar, inclusive, a legalidade do design adotado.[76]

A ilegalidade das práticas manipulativas está relacionada com os próprios danos oriundos do uso dessas técnicas. Inicalmente, tem-se os danos econômicos (ex.: discriminação de preços, consumo indesejado de bens, distorções baseadas em emoções). Adicionalmente, a manipulação de consumidores também traz danos à privacidade, normalmente relacionada com a falta de controle sobre os dados pessoais. Os danos à privacidade podem ser subjetivos (ex.: vigilância indesejada) ou objetivos (ex.: uso de dados coletados para oferecer ofertas desvantajosas para o titular).[77] Também existem danos à proteção do consumidor e a diversos direitos fundamentais, como autonomia e não discriminação.

A exploração de vulnerabilidades também deve ser compreendida como um dano à autonomia do titular originada do uso de técnicas manipulativas. A partir da própria compreensão da economia comportamental, deve-se entender como um problema se aproveitar de um consumidor que não está agindo de forma racional. Ou seja, pode ser compreendido como manipulação a atividade publicitária que

---

[74] Disponível em: https://digital-strategy.ec.europa.eu/en/policies/regulatory-framework-ai.
[75] BRASIL. *Relatório Final da Comissão de Juristas Responsável por Subsidiar Elaboração de Substitutivo sobre Inteligência Artificial no Brasil*. 2022.
[76] STIGLER CENTER FOR THE STUDY OF THE ECONOMY AND THE STATE, 2019.
[77] CALO, 2014.

retira a autonomia do consumidor. Somente existe autonomia quando o contexto do consumidor é considerado, não é explorada nenhuma vulnerabilidade substancial e se o consumidor é capaz de agir de acordo com seu próprio interesse.[78]

Dessa forma, se a finalidade de determinado tratamento ou design do produto for manipular o consumidor, essa prática é ilícita em si. Contudo, ainda que essa não seja a finalidade, o marketing direcionado a partir do tratamento de dados também apresenta riscos aos direitos e liberdades fundamentais do titular que devem ser considerados para a aferição da legalidade da prática.

1.2.2 Riscos e danos relacionados ao marketing baseado em dados pessoais

O tratamento de dados pessoais revolucionou a economia mundial. Contudo, a exploração de informações pessoais apresenta diversos riscos para os usuários, inclusive através do acesso indevido às informações, exclusão ou vazamento dos dados, discriminação, criação de inferências incorretas, entre outros maus usos ou incidentes de segurança. Portanto, é preciso compreender que a utilização de dados pessoais somente será possível quando houver equilíbrio com os direitos e liberdades fundamentais do titular. Contudo, ressalta-se que os riscos somente são aceitáveis quando inclusos em práticas lícitas; ou seja, sempre que estamos diante de práticas ilícitas ou manipulativas, os riscos, ainda que baixos, já não serão aceitáveis.[79]

Nesse sentido, vale apresentar a pesquisa desenvolvida por Kröger, Micei e Müller[80] propõe uma classificação dos principais maus usos relacionados ao tratamento de dados pessoais. Assim como toda forma de categorização, as classificações apresentadas são bastante amplas e não esgotam as complexidades do sistema de publicidade direcionada. Os exemplos cotidianos e divulgados são tantos que de forma alguma busca-se exaurir todas as possíveis consequências negativas da exploração de dados pessoais, principalmente as consequências pessoais e contextuais. Contudo, categorizar riscos nos ajuda a perceber as fragilidades as quais os titulares estão expostos

---

[78] Ibid.
[79] STIGLER CENTER FOR THE STUDY OF THE ECONOMY AND THE STATE, 2019.
[80] KRÖGER, J. L.; MICELI, M.; MÜLLER, F. How data can be used against people: a classification of personal data misuse. 2021. Disponível em: https://ssrn.com/abstract=3887097.

quando inseridos no sistema de perfilização. Essa classificação ganha sentido para o trabalho, uma vez que a publicidade direcionada baseada em dados pessoais apresenta riscos, ainda que essa não adote padrões manipulativos:

(i) Utilização de dados para gratificação pessoal (ex.: acesso a filmagens sem consentimento dos envolvidos, o que gera o prazer do telespectador seja através do humor – com a propagação de memes[81] – até o vazamento de filmagens de relações sexuais que podem ser utilizadas para prazer pessoal[82]);

(ii) Criação de incentivos coercitivos, garantindo que o titular se comporte de determinada maneira (ex.: utilização de dados para criação de benefícios e sanções personalizadas para funcionários ou consumidores);

(iii) Monitoramento de comportamento desejado (ex.: empregadores vigiam as redes sociais de funcionários para avaliar suas preferências políticas[83] ou o comportamento de empregados para definir quem será demitido[84]);

---

[81] Até mesmo em casos em que a mídia é gravada e postada com a autorização do titular e responsáveis, a viralização de uma imagem pode trazer efeitos nocivos ao titular. Como exemplos, podemos citar vídeo viral de 2012 com a participação de uma criança de 12 (doze) anos. Após a alta propagação do vídeo, o jovem teve várias experiências negativas, inclusive ameaça de morte por grupos antissemitas, uma vez que sua religião judaica foi facilmente identificada com a música do vídeo. Interessante ressaltar que a diretora do vídeo afirma que somente envia os vídeos em documento protegido por senha, justamente pelos riscos envolvidos nesse tratamento.
ALÉM DO MEME #10: O Menino do Bar Mitzvá. Locutor: Chico Felitti. *Spotify*. Novembro de 2020. Disponível em: https://open.spotify.com/episode/3JHW1llb6jYzB9LdGLRbCF?si =1a027d23e29c4f97. Acesso em: 9 mar. 2022.

[82] Casos paradigmáticos sobre vazamentos de imagens íntimas envolvem de ex-apresentadora brasileira a influenciadora estadunidense. A judicialização do caso brasileiro mencionado, gerou o bloqueio do acesso ao canal do YouTube temporariamente, medida liminar que busca mitigar os danos da viralização da mídia.
ENERIO, D. *Influencer becomes revenge porn victim after ex-boyfriend posts sex videos on instagram*. 2021. Disponível em: https://www.ibtimes.com/influencer-becomes-revenge-porn-victim-after-ex-boyfriend-posts-sex-videos-instagram-3343985. Acesso em: 9 mar. 202; *Revista Consultor Jurídico*. Telefônica tira YouTube do ar para cumprir ordem. 2007. Disponível em: https://www.conjur.com.br/2007-jan-09/telefonica_tira_youtube_ar_ cumprir_ordem. Acesso em: 9 mar. 2022.

[83] Em 2020, foi divulgada a informação de que o Ministério de Justiça monitorou 579 opositores do governo Bolsonaro. Reportagens afirmam que o dossiê foi feito para identificar integrantes do movimento antifascista e opositores do governo. Em resposta, o Ministério da Justiça argumentou que o monitoramento buscava prevenir ilícitos e garantir a segurança de pessoas e do patrimônio público. *G1*. Ministério da Justiça monitorou 579 opositores do governo Bolsonaro, diz site. 2020.

[84] TOSTES, O. V. A dispensa de trabalhadores através de algoritmos. *Jota*. 2021.

(iv) Descredibilizar titular com o compartilhamento de informações pessoais (ex.: utilização de informações de uma pessoa para descredibilizá-la perante a sociedade[85] ou a determinado grupo de pessoas[86]);
(v) Discriminação a partir de perfis de comportamento criados (ex.: utilização de informações pessoais para oferecer preços menos atrativos para clientes de determinada região e garantir maior lucro para empresas[87]);
(vi) Identificação de pontos fracos do titular (ex.: acesso a informações sobre características físicas de uma pessoa pode aumentar as chances de *bullying* ou outras formas de discriminação contra ela ou, ainda, identificar que pessoa faz parte de grupo de maior vulnerabilidade para aplicar golpes[88]);
(vii) Persuasão personalizada (ex.: é feita a criação de perfil comportamental para garantir que as informações enviadas são as mais persuasivas possíveis, tendo em vista as características específicas daquele indivíduo ou grupo[89]);
(viii) Possibilidade de entrar em contato com o titular (ex.: disponibilização de informações de contato de determinada pessoa para possibilitar envio de marketing[90]);

---

[85] Seria o caso enredo de episódio do Black Mirror que sequestradores chantageiam o Primeiro-Ministro a ter relações sexuais com um animal como forma de pagamento do resgate de membro de membro da realeza – o vídeo deveria ser transmitido ao vivo para garantir a descredibilidade do político.HINO Nacional (Temporada 1, ep. 1). Black Mirror [Seriado]. Criação: Charlie Brooker. Reino Unido: Netflix. 44 min.

[86] É comum a utilização de fotos ou atuação em redes sociais para tentar descredibilizar acusações de estupro. JR., J. B. A Noite que Nunca Terminou. *Piauí*, 2021.

[87] Foram oferecidos preços menos vantajosos para cursos universitários estadunidenses para pessoas consideradas "isoladas", "impacientes" ou "com baixa autoestima", o mesmo foi oferecido para possíveis estudantes de países terceiros que buscavam cursos em universidades nos EUA. O'NEIL, C. *Weapons of Math Destruction*: How Big Data Increases Inequality and Threatens Democracy. Nova Iorque: Broadway Books, 2016.

[88] A partir do compartilhamento da sua foto de WhatsApp para todos, é possível que golpistas identifiquem que determinado usuário é idoso e, portanto, mais suscetível a golpes.

[89] SERASA EXPERIAN. Serasa Experian expande a sua atuação no mercado de audiências digitais via DMP com dados do Serasa Consumidor. [S. l.], 2019. Disponível em: https://www.serasaexperian.com.br/sala-de-imprensa/servicos-de-marketing/serasa-experian-expande-a-sua-atuacao-no-mercado-de-audiencias-digitais-via-dmp-com-dados-do-serasa-consumidor/. Acesso em: 10 mar. 2020.

[90] Possível citar o caso da influenciadora digital Tata Estaniecki, que afirma ter recebido mais de 640 (seiscentas e quarenta) ligações no dia do seu casamento após conhecido, não convidado para a cerimônia, ter colocado o número da influenciadora como alvo de ligação de cobranças.

(ix) Localizar o titular, possibilitando, inclusive, encontros ao vivo (ex.: utilização de informações sobre a localização do titular para planejar golpes ou possibilitar o *stalking*);
(x) Acesso a bens protegidos e com valor econômico (ex.: o compartilhamento de informações pessoais pode facilitar o acesso não autorizado de contas de redes sociais ou até bancos[91]);
(xi) Reação estratégica a ações ou planos do titular (ex.: informações sobre a possibilidade de uma pessoa processar uma empresa podem possibilitar que essa organização se prepare para o litígio de forma extremamente rigorosa, mitigando as chances de êxito do titular).

Entre as categorias apresentadas, as (v) a (viii) têm relação direta com a atividade de criação de perfis para direcionamento, tão utilizada para fins publicitários. Contudo, a depender dos tratamentos realizados pela organização, os outros riscos também podem estar relacionados ao sistema de publicidade direcionada a partir do tratamento de dados pessoais.

É importante ressaltar que os riscos e discriminações relacionadas com o *profiling*[92] e, logo, com a publicidade direcionada, devem considerar que as organizações controlam o ambiente digital em que os usuários estão inseridos e, na maioria das vezes, também têm conhecimento sobre as consequências oriundas do tratamento de dados para fins publicitários. Portanto, deve-se ter em mente que a escolha de adotar práticas publicitárias com riscos aos titulares também perpassa uma escolha empresarial, em que a organização compreende que os riscos ao indivíduo são menos relevantes do que os benefícios para a empresa. Por isso é tão relevante que a regulação garanta que essa avaliação seja o menos parcial possível e determine a manutenção de registros de tais decisões.

PODDELAS #074: Louise Estaniecki e Cocielo. Locutoras: Tata Estaniecki e Bruna Unzueta. Entrevistados: Louise Estaniecki e Cocielo. *Spotify*. Novembro de 2021. Disponível em: https://open.spotify.com/episode/7DUDw5d7qS4fqJeXNjUoqD?si=70559cd30033428f. Acesso em: 8 mar. 2022.

[91] Postar uma foto com o nome do seu primeiro animal de estimação pode ser a informação necessária para que algum golpista consiga resetar sua senha de determinada rede social, desde que essa seja sua pergunta de segurança.

[92] Sobre os riscos relacionados à economia movida a dados, recomenda-se a leitura de Véliz (2021). O livro apresenta uma visão não jurídica dos processos e dos riscos relacionados ao tratamento de dados pessoais.

Dessa forma, na criação de estratégias de *marketing*, esses riscos devem ser considerados e salvaguardas devem ser adotadas para garantir que os anúncios direcionados não criem situações discriminatórias para os titulares. Portanto, deve-se considerar que os dados tratados para determinada finalidade podem ter usos e consequências positivas e negativas para o titular, somente sendo legítimo manter determinado tratamento caso as consequências positivas se sobressaiam às negativas; essa avaliação é de difícil concretização, tendo em vista que, muitas vezes, existem interesses conflitantes – principalmente entre o titular e os agentes de tratamento[93] –, mas crucial para garantir a efetiva aplicação das regulações protetivas.

A avaliação desses riscos é etapa essencial para a garantir de legalidade de diversos tratamentos – como o tratamento baseado no interesse legítimo do controlador ou de terceiros interessados ou na garantia de prevenção à fraude e à segurança do titular, ou, ainda, em tratamento de alto risco para o titular. Diante dessa abordagem baseada na avaliação de riscos adotada por diversas regulações, o *Centre for information Policy Leadership's* (CIPL) identifica os riscos[94] relacionados ao tratamento de dados pessoais a partir de 3 (três) grandes categorias:[95]

I. Riscos relacionados a possíveis danos físicos ou materiais;
II. Riscos relacionados a possíveis danos não materiais; e
III. Riscos relacionados a possíveis danos à sociedade.

---

[93] KRÖGER; MICELI; MÜLLER, 2021.

[94] O Considerando 75 do RGPD trata sobre risco ao definir que: o risco para os direitos e liberdades das pessoas singulares, cuja probabilidade e gravidade podem ser variáveis, poderá resultar de operações de tratamento de dados pessoais suscetíveis de causar danos físicos, materiais ou imateriais, em especial quando o tratamento possa dar origem à discriminação, à usurpação ou roubo da identidade, a perdas financeiras, prejuízos para a reputação, perdas de confidencialidade de dados pessoais protegidos por sigilo profissional, à inversão não autorizada da pseudonimização, ou a quaisquer outros prejuízos importantes de natureza económica ou social; quando os titulares dos dados possam ficar privados dos seus direitos e liberdades ou impedidos do exercício do controlo sobre os respetivos dados pessoais; quando forem tratados dados pessoais que revelem a origem racial ou étnica, as opiniões políticas, as convicções religiosas ou filosóficas e a filiação sindical, bem como dados genéticos ou dados relativos à saúde ou à vida sexual ou a condenações penais e infrações ou medidas de segurança conexas; quando forem avaliados aspetos de natureza pessoal, em particular análises ou previsões de aspetos que digam respeito ao desempenho no trabalho, à situação económica, à saúde, às preferências ou interesses pessoais, à fiabilidade ou comportamento e à localização ou às deslocações das pessoas, a fim de definir ou fazer uso de perfis; quando forem tratados dados relativos a pessoas singulares vulneráveis, em particular crianças; ou quando o tratamento incidir sobre uma grande quantidade de dados pessoais e afetar um grande número de titulares de dados.

[95] THE CENTRE FOR INFORMATION POLICY LEADERSHIP. *Risk, High Risk, Risk Assessments and Data Protection Impact Assessments under the GDPR*. [S. l.: s. n.], 2016.

Dessa forma, é necessária a consideração de todos esses riscos na análise da legalidade de determinado tratamento. Para fins de marketing, todos os riscos podem estar presentes em determinada atividade. Em relação aos danos materiais, é possível que consumidor seja lesado a partir do oferecimento de preços discriminatórios de produtos.

Ainda, em relação a danos não materiais, é comum que o recebimento recorrente de publicidade gere estresse e desgaste emocional a consumidores, seja pela periodicidade, quantidade ou seja pela própria irrelevância do anúncio. Também é possível associar danos a inferências imprecisas ou totalmente inverídicas sobre o titular ou terceiros relacionados.

Por fim, os danos à sociedade podem ser vislumbrados em práticas anticoncorrenciais relacionadas com a existência de monopólios no sistema de publicidade digital. Também é necessário se considerar a produção de lixo eletrônico, que também dá origem a resíduos materiais gerados pelo envio exagerado de anúncios, por exemplo.

Então, é importante considerar que o marketing direcionado a partir do tratamento de dados pessoais realmente agrega grande valor a empresas e pode trazer diversos benefícios também para os titulares de dados pessoais. Contudo, as atividades relacionadas a essa finalidade apresentam riscos para o consumidor e para a sociedade, inclusive por possíveis maus usos das informações e, atualmente, esses riscos tendem a não ser considerados durante a criação de anúncios direcionados.

Dessa forma, é essencial que os tratamentos de dados pessoais para fins publicitários estejam de acordo com toda a legislação aplicável, principalmente os princípios de proteção ao titular e os direitos e liberdades do indivíduo, a fim de mitigar os riscos relacionados ao tratamento. Por isso, os próximos capítulos irão tratar da aplicação da LGPD e outras normas regulatórias no processamento de informações pessoais para fins de *marketing*, buscando entender quais são os limites das propagandas direcionadas a partir do tratamento de dados, mantendo a compreensão de que o uso de técnicas manipulativas afasta a legalidade de tal prática.

CAPÍTULO 2

O SISTEMA PROTETIVO DE PROTEÇÃO E O *MARKETING*

Inovações e publicidade baseadas no tratamento de dados pessoais podem trazer várias preocupações e riscos para os titulares dos dados, como demonstrado no capítulo anterior. Por isso, o sistema regulatório imposto sobre os dados pessoais busca mitigar esses riscos, trazendo obrigações aos agentes de tratamento e direitos aos titulares de dados, estabelecendo limites sobre o uso de dados pessoais.

As regulações protetivas aos cidadãos, principalmente em sistemas de consumo, geram relevante impacto econômico às organizações, principalmente às pequenas empresas.[96] Portanto, é necessário buscar um equilíbrio entre as políticas para incentivar a inovação, o empreendedorismo e a privacidade do consumidor.[97]

Nesse sentido, Bleier, Goldfarb e Tucker[98] desenvolveram pesquisa sobre como a regulação da publicidade e da privacidade influenciam uma à outra:

---

[96] BLEIER; GOLDFARB; TUCKER, 2020.
[97] Essa preocupação com o desenvolvimento de empresas de pequeno porte, considerando a importância do tratamento de dados para novos modelos de negócio, foi incorporada pela LGPD, porquanto a própria Lei prevê a possibilidade de a ANPD editar normas, orientações e procedimentos simplificados e diferenciados para empresas de pequeno porte, startups ou empresas de inovação (art. 55-J, XVIII, da LGPD).
[98] BLEIER; GOLDFARB; TUCKER, 2020.

```
        ┌─────────────────┐           ┌──────────────┐
        │                 │           │  Medidas de  │
        │ Normas setoriais│───────────│ mitigação de │
        │                 │           │   riscos à   │
        └─────────────────┘           │  privacidade │
                                      └──────────────┘

┌──────────────┐
│ Inovações e  │           ┌──────────────┐
│ publicidade  │           │   Riscos à   │
│ baseadas em  │           │  privacidade │
│ tratamentos de│          └──────────────┘
│dados pessoais│
└──────────────┘
                                      ┌──────────────┐
        ┌─────────────────┐           │  Tamanho da  │
        │  Externalidades │           │    empresa   │
        └─────────────────┘           └──────────────┘
```

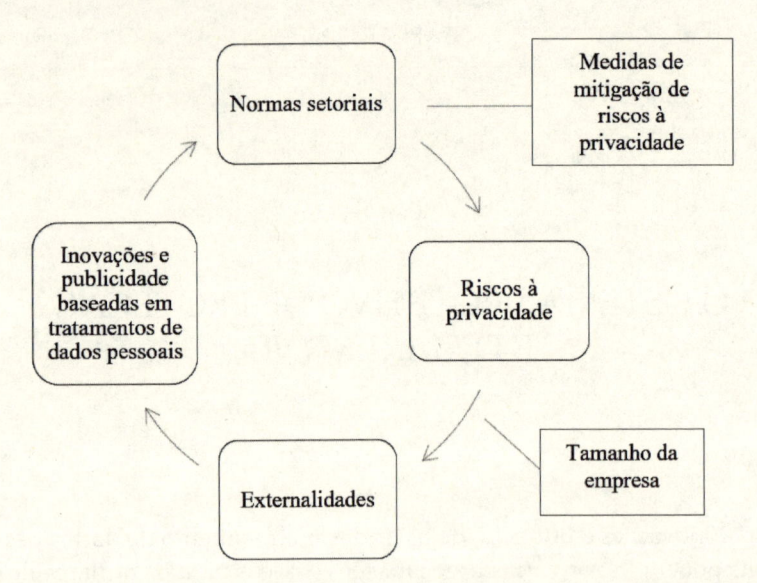

FIGURA 4 – Recorte conceitual sobre normas setoriais para publicidade (Bleier, Goldfarb, Tucker, 2020), tradução livre.

As conclusões da pesquisa demonstram que inovações e publicidade baseada em tratamentos de dados pessoais podem gerar preocupações relacionadas à segurança da privacidade, principalmente quando pensamos em privacidade contextual. Isso é passível de incentivar a busca por elaboração de normas de proteção aos dados pessoais, que apresentam medidas de mitigação aos riscos à privacidade existentes no tratamento de dados, mas também geram várias externalidades para as organizações – principalmente empresas de porte pequeno. Isso pode mitigar ou controlar o desenvolvimento de inovações e práticas de publicidade baseadas em dados pessoais, atividades essas que também geram imensos benefícios para o mercado.[99] Esse processo pode ser observado no sistema brasileiro de proteção de dados pessoais, principalmente considerando o recorte regulatório do CDC e da LGPD.

A proteção de dados pessoais é caracterizada por quatro gerações de normas. A primeira, datada da década de 1970, foi marcada pela forma de controle prévio, trazendo a necessidade de autorização prévia do titular para possibilitar o tratamento de dados tendo em vista a criação de bancos de dados centralizados. A segunda geração

---

[99] Ibid.

contou com previsões constitucionais concedendo proteções aos dados pessoais, mas tanto a privacidade quanto a proteção de dados eram vistas como liberdades negativas. A terceira foi marcada pelo julgamento da constitucionalidade da Lei do Censo alemã, definindo a autodeterminação informativa como ato contínuo, trazendo a ideia de liberdade positiva ao tema. A última geração é marcada pela elevação do padrão coletivo de proteção de dados, dando mais força e formas de controle também ao indivíduo, o que é estampado pelas normas gerais de proteção de dados pessoais.[100]

Ao longo dessas décadas, houve um desenvolvimento de normas internacionais sobre o tema, considerando o caráter transfronteiriço do tratamento de dados pessoais, buscando alguma convergência internacional sobre o tema, com participação de organismos internacionais como OCDE e ONU.[101] Nacionalmente,[102] então, foram criadas as leis gerais de proteção de dados, caracterizadas pela aplicação tanto ao setor público quanto ao privado, com a previsão de autoridade central e especializada sobre o tema e com conceito amplo sobre tratamento de dados.[103]

Nesse contexto, o CDC, de 1990, já traz regras sobre a proteção de dados pessoais, mas com enfoque mais voltado para bancos de dados e cadastros de consumidores. O Código também é paradigmático para a proteção do consumidor frente a práticas publicitárias abusivas. Quase 20 (vinte) anos após, entra em vigor a LGPD, a norma brasileira sobre o tema. Em consonância com o RGPD, a lei geral brasileira adotou um sistema *ex ante* de proteção de dados, ou seja, o tratamento dos dados só poderá ser realizado caso siga condições de legitimidade para o

---

[100] DONEDA, D. O Direito Fundamental à Proteção de Dados Pessoais. *In*: DIREITO DIGITAL – DIREITO PRIVADO E INTERNET. 2. ed. Indaiatuba: Foco Jurídico Ltda., 2019. p. 35-54. ; MAYER-SCHÖNBERGER, V. General development of data protection in Europe. *In*: AGRE, P.; ROTENERG, M. (Org.). *Technology and privacy*: the new landscape. Cambridge: MIT Press, 1997. p. 219 -242. ; SCHWABE, 2005.

[101] BENNETT, C. J.; RAAB, 2018.; DONEDA, 2006.; MENDES, L. S. *Privacidade, proteção de dados e defesa do consumidor*: linhas gerais de um novo direito fundamental. Saraiva, 2014b.

[102] Existe o Regulamento Europeu de Proteção de Dados, que substituiu a Diretiva anterior sobre o tema, com âmbito de aplicação extranacional, sendo vinculativo à toda União Europeia. Contudo, considerando a necessidade de controle e de autoridade nacional sobre o tema, adotamos a categoria nacional.

[103] MENDES, 2014.; MENDES, L. S.; DONEDA, D. Comentário à Nova Lei de Proteção de Dados (Lei 13.709/2018): O Novo Paradigma da Proteção de Dados no Brasil. *Revista de Direito do Consumidor*, v. 120, p. 555 -587, 2018.
A LGPD é aplicável a "qualquer operação de tratamento realizada por pessoa natural ou por pessoa jurídica de direito público ou privado", desde que o tratamento se relacione com o território nacional, conforme o art. 3º da norma.

tratamento de dados pessoais, inclusive com o enquadramento em uma das bases legais e com a observância dos princípios legais.[104]

Ressalta-se que, ainda que exista uma base legal que possibilite o tratamento de dados pessoais, esse também deve observar os princípios trazidos na própria LGPD. Portanto, a compreensão de perfis inaceitáveis e a manipulação devem considerar que a organização tem o dever de demonstrar qual a finalidade da veiculação de determinado anúncio personalizado, garantindo a transparência e comprovando que o tratamento não gera nenhuma discriminação ilícita.

Além das previsões sobre proteção de dados pessoais, soluções para o problema envolvendo práticas manipulativas e o abuso de publicidades também estão presentes em legislações consumeristas.[105] O CDC traz a "proteção contra a publicidade enganosa e abusiva, métodos comerciais coercitivos ou desleais"[106] como direito básico do consumidor. Portanto, o estudo avaliará como a LGPD e o sistema de proteção ao consumidor são aplicáveis ao sistema de publicidade baseada no tratamento de dados, discutindo seus efeitos para os titulares e organizações e para outras normas existentes sobre o tema.

2.1 A aplicação do CDC

O cenário regulatório brasileiro sobre o mercado publicitário é bastante complexo, contando, inclusive, com grande processo de autorregulamentação,[107] e deve ser considerado ao se analisar o tratamento de dados pessoais para fins publicitários.[108] Todo o desenvolvimento do mercado publicitário deve considerar que, na criação de anúncios direcionados baseados no tratamento de dados, também deverá ser considerado o livre desenvolvimento da personalidade, a dignidade e o exercício da cidadania.[109]

---

[104] MENDES, L. S. *A Lei Geral de Proteção de Dados*: um modelo de aplicação em três níveis. Caderno Especial LGPD, São Paulo, v. 1, n. 81, p. 35 -56, 2019.

[105] STIGLER CENTER FOR THE STUDY OF THE ECONOMY AND THE STATE. *Stigler Committee on Digital Platforms* – Final ReportChicaco Booth. 2019. Disponível em: https://research.chicagobooth.edu/stigler/media/news/committee-on-digital-platforms-final-report.

[106] Art. 6, IV, do CDC.

[107] Sobre esse ponto, destaca-se o papel do CONAR. O Conselho tem papel de autorregulamentar práticas para evitar que a publicidade enganosa ou abusiva cause efeitos ao consumidor ou a empresas e para defender a liberdade de expressão comercial. O próprio Conselho tem um sistema de fiscalização e sancionamento.

[108] Sobre a legislação correlata, merece destaque o apanhado elaborado pelo CONAR sobre leis e regulamentos que compõem o sistema misto de regulação da publicidade no Brasil, disponível em: http://www.conar.org.br/, na aba "legislação". Acesso em: 21 mar. 2022.

[109] Art. 2º, VII da LGPD.

Como a LGPD é norma geral sobre a proteção de dados, não trata especificamente sobre publicidade. Dessa forma, o arcabouço regulatório brasileiro de proteção de dados acaba se voltando para outros ramos jurídicos para regular as relações que envolvem publicidade. A partir da sistemática apresentada pela LGPD, a norma de proteção de dados deverá então, ser aplicada em consonância com essas regras quando forem realizadas atividades de publicidade baseadas no tratamento de dados pessoais.

Sobre as regulações correlatas, destaca-se, em primeiro lugar, o direito consumerista. O CDC define como direito básico do consumidor "a proteção contra publicidade enganosa e abusiva, métodos comerciais coercitivos ou desleais, bem como práticas e cláusulas abusivas ou impostas no fornecimento de produtos e serviços".[110] Esse direito gera deveres aos agentes responsáveis pelos anúncios publicitários, como: a vinculação à oferta veiculada na publicidade;[111] obrigação de aviso de conteúdo publicitário e informações sobre o fabricante do produto ou serviço oferecido;[112] e a proibição de veiculação de propagandas enganosas ou abusivas, sob risco de caracterização de infração penal[113] e dever de fornecer espaço e arcar com os custos de contrapropaganda.[114]

A publicidade enganosa é definida como a comunicação publicitária "inteira ou parcialmente falsa, ou, por qualquer outro modo, mesmo por omissão, capaz de induzir em erro o consumidor a respeito da natureza, características, qualidade, quantidade, propriedades, origem, preço e quaisquer outros dados sobre produtos e serviços".[115] Essa categoria é voltada para características do produto, logo sua prática tem menor relação com o tratamento de dados pessoais. Contudo é possível considerar que muitas vezes a propaganda manipula o conteúdo para individualizá-lo para o usuário-alvo, o que pode gerar algum tipo de

---

[110] Art. 6º, IV do CDC.
[111] Art. 30 do CDC.
[112] Art. 33 c/c 36 do CDC.
[113] Existem várias infrações penais relacionadas com o mau uso de práticas publicitárias. No CDC, destacam-se as seguintes: omitir dizeres ou sinais ostensivos sobre a nocividade ou periculosidade de produtos, nas embalagens, nos invólucros, recipientes ou publicidade (art. 63 do CDC); fazer ou promover publicidade que sabe ou deveria saber ser enganosa ou abusiva (art. 67 do CDC); fazer ou promover que sabe ou deveria saber ser capaz de induzir o consumidor a se comportar de forma prejudicial ou perigosa a sua saúde ou segurança (art. 68 do CDC); deixar de organizar dados fáticos, técnicos e científicos que dão base à publicidade (art. 69).
[114] Art. 60 do CDC.
[115] Art. 37, §1º do CDC.

envio de informação falsa para garantir a persuasão do consumidor e caracterizando a publicidade enganosa.

Já a publicidade abusiva é exemplificada como qualquer comunicação publicitária "discriminatória de qualquer natureza, a que incite à violência, explore o medo ou a superstição, se aproveite da deficiência de julgamento e experiência da criança, desrespeita valores ambientais" ou, ainda, *marketing* "capaz de induzir o consumidor a se comportar de forma prejudicial ou perigosa à sua saúde ou segurança".[116]

A abusividade, então, é problema comumente visto no sistema de publicidade direcionada, tendo em vista a discriminação entre consumidores gerada por essa prática comercial. Porém, a fiscalização e denúncia dessa prática é bastante difícil de forma individual, principalmente pela comum necessidade de comparar com os anúncios enviados para outros perfis de consumidores, sendo necessária a atuação de organismos de proteção do consumidor para garantir o sancionamento de anunciantes com práticas abusivas.

Nesse mesmo sentido, a proibição de anúncios capazes de indução ilícita ao consumidor oferece previsão legal para garantia da proteção do consumidor contra práticas obscuras (*dark patterns*). Portanto, essa norma já parece ser suficiente para garantir que o Brasil seja pioneiro na proibição e fiscalização do uso das técnicas opacas de publicidade que influenciam ilicitamente o consumidor, sendo necessário que tal interpretação seja adotada pelos órgãos sancionadores e fiscalizadores.

Ainda nessa categoria, merece atenção a ilicitude da exploração de algumas características sensíveis como a vulnerabilidade de determinados grupos ou as crenças mais profundas de um consumidor. A limitação já posta por essa previsão consumerista mostra a preocupação do sistema brasileiro em proteger a utilização de dados sensíveis, inclusive relacionados a perfis comportamentais.

Interessante perceber como os conceitos abertos e exemplificativos do CDC já se relacionam com os riscos relacionados ao tratamento de dados pessoais apresentados no capítulo anterior. Por isso, ao analisar-se o sistema de anúncios publicitários criados a partir do tratamento de dados pessoais, o CDC deve ser norma norteadora e específica em questões relativas à publicidade. Essa norma deve ser aplicada em conjunto com a LGPD, lei específica sobre questões de proteção de dados.

---

[116] Art. 37, §2º do CDC.

Há de se considerar que a regulação de proteção de dados pessoais pode não ser suficiente para a proteção e limitação de práticas de *targeting advertisiment*, uma vez que o *input* da inteligência artificial para esse fim pode não se enquadrar perfeitamente ao conceito de dados pessoais,[117] inclusive pela criação de dados inferidos.[118] Esse raciocínio também é aplicável à leitura do CDC, tendo em vista a difícil responsabilização de sistemas de inteligência artificial em reconhecer uma publicidade como enganosa ou abusiva. Por isso, as normas de proteção de dados – em sentido amplo – e os conceitos ali apresentados devem ser interpretados a partir do contexto em que o tratamento se enquadra.

O modelo ideal para o mercado publicitário encontra o equilíbrio entre os direitos e liberdades fundamentais dos titulares, inclusive a privacidade e a proteção de dados pessoais, e os direitos relacionados a livre iniciativa econômica.[119] Por isso é tão interessante a leitura do sistema de publicidade baseado em tratamentos de dados pessoais a partir da própria lógica por trás da LGPD: garantir o controle dos dados pessoais pelo titular, ao passo em que o sistema de fluxo de dados é estabelecido na economia brasileira. Contudo, ainda que consideremos esse sistema complexo de regulação que abarca tanto a LGPD quanto outras normas setoriais – em especial o CDC – ainda existem situações bastante nebulosas, em destaque o uso secundário de dados para fins publicitários e o compartilhamento de dados com terceiros; e a utilização de dados inferidos para a publicidade direcionada.

2.2 Os princípios da proteção de dados como mitigadores de riscos

O RGPD traz menções às práticas de *marketing* em seus Considerandos, demonstrando: a preocupação de criação de perfis de crianças e adolescentes para fins publicitários;[120] a possibilidade do uso da base legal do legítimo interesse para finalidades relacionadas ao *marketing*;[121] e a possibilidade de o titular se opor às práticas de publicidade feitas a partir do tratamento de dados pessoais – inclusive criação de perfis.[122]

---

[117] VEDDER, A. Why Data Protection and Transparency Are Not Enough When Facing Social Problems of Machine Learning in a Big Data Context. *In*: BEING PROFILED, 2019. p. 42-45. Disponível em: https://doi.org/10.2307/j.ctvhrd092.10.
[118] Conceituação trabalhada no tópico "Utilização de dados inferidos para fins publicitários".
[119] BASAN, 2021.
[120] Considerando 58 do RGPD.
[121] Considerando 47 do RGPD.
[122] Considerando 70 do RGPD.

Já a LGPD não conta com nenhuma menção expressa sobre o tratamento de dados para fins publicitários, somente reforça que a livre iniciativa, a livre concorrência, a defesa do consumidor,[123] o desenvolvimento econômico e tecnológico e a inovação são fundamentos da disciplina de proteção de dados.[124] Apesar de não mencionar diretamente a publicidade, a LGPD adota abordagem principiológica que traz respostas e limites para o tratamento de dados pessoais para fins publicitários, tendo em vista ser uma lei geral, e que traz maior segurança para os titulares.[125]

Além disso, a norma geral brasileira também estabelece direitos ao titular de dados e obrigações aos agentes de tratamento. Seguindo o que se entende por norma geral, a LGPD é aplicável tanto ao setor público e quanto ao privado e aos tratamentos de dados pessoais em sentido amplo, o que abarca as atividades de *marketing* direcionado. Por isso, o presente trabalho buscará compreender como se dá a relação entre a proteção de dados pessoais e a publicidade direcionada comportamental *online*, considerando as previsões da LGPD e avaliando a experiência europeia que tanto inspirou o sistema brasileiro.

Os fundamentos da LGPD também ganham destaque no cenário de tratamento de dados para fins publicitários. Logo o artigo 1º da Lei já traz que o objetivo da norma é "proteger os direitos fundamentais de liberdade e de privacidade e o livre desenvolvimento da pessoa natural". Portanto, toda a interpretação e aplicação do sistema de proteção de dados deve considerar tal objetivo, reforçando a ideia de que práticas manipulativas e perfis contrários a essas ideias devem ser considerados como ilícitos, mantendo a ideia de proteção *ex ante* estabelecida pela própria LGPD.

Os fundamentos da LGPD, listados no art. 2º da lei, também reforçam a mesma ideia. Sem hierarquia entre os fundamentos, a autodeterminação informativa, o respeito à privacidade, a liberdade de expressão, de informação, de comunicação e de opinião, a inviolabilidade da intimidade, da honra e da imagem e os direitos humanos, o livre desenvolvimento da personalidade, a dignidade e o exercício da cidadania pelas pessoas naturais devem ser sempre considerados na utilização de dados pessoais para fins publicitários. Portanto, anúncios que mitiguem algum desses fundamentos também já devem ser consi-

---

[123] Art. 2º, V, da LGPD.
[124] Art. 2º, VI, da LGPD.
[125] MENDES, 2019.

derados ilícitos, ainda que promovam o desenvolvimento econômico. Logo, práticas que mitiguem a possibilidade de escolha do titular já encontram impedimento nos próprios fundamentos do sistema de proteção de dados pessoais no Brasil.

Os princípios também devem ser considerados em toda o ciclo de vida dos dados no interior de uma organização e é essencial que sejam considerados de forma prática e procedimental. O art. 6º da norma brasileira enumera e caracteriza 10 (dez) princípios, além de mencionar o princípio da boa-fé em seu *caput*, da seguinte forma:

> Art. 6º As atividades de tratamento de dados pessoais deverão observar a boa-fé e os seguintes princípios:
> I - finalidade: realização do tratamento para propósitos legítimos, específicos, explícitos e informados ao titular, sem possibilidade de tratamento posterior de forma incompatível com essas finalidades;
> II - adequação: compatibilidade do tratamento com as finalidades informadas ao titular, de acordo com o contexto do tratamento;
> III - necessidade: limitação do tratamento ao mínimo necessário para a realização de suas finalidades, com abrangência dos dados pertinentes, proporcionais e não excessivos em relação às finalidades do tratamento de dados;
> IV - livre acesso: garantia, aos titulares, de consulta facilitada e gratuita sobre a forma e a duração do tratamento, bem como sobre a integralidade de seus dados pessoais;
> V - qualidade dos dados: garantia, aos titulares, de exatidão, clareza, relevância e atualização dos dados, de acordo com a necessidade e para o cumprimento da finalidade de seu tratamento;
> VI - transparência: garantia, aos titulares, de informações claras, precisas e facilmente acessíveis sobre a realização do tratamento e os respectivos agentes de tratamento, observados os segredos comercial e industrial;
> VII - segurança: utilização de medidas técnicas e administrativas aptas a proteger os dados pessoais de acessos não autorizados e de situações acidentais ou ilícitas de destruição, perda, alteração, comunicação ou difusão;
> VIII - prevenção: adoção de medidas para prevenir a ocorrência de danos em virtude do tratamento de dados pessoais;
> IX - não discriminação: impossibilidade de realização do tratamento para fins discriminatórios ilícitos ou abusivos;
> X - responsabilização e prestação de contas: demonstração, pelo agente, da adoção de medidas eficazes e capazes de comprovar a observância e o cumprimento das normas de proteção de dados pessoais e, inclusive, da eficácia dessas medidas.

Essas previsões apresentam grande semelhança com o RGPD, apesar da norma internacional tratar explicitamente de somente 7 (sete) princípios em artigo sobre o tema (artigo 5º), esses guardam várias equivalências com as previsões nacionais. Para fins de comparação, ganha importância tabela comparativa dessas previsões.

(continua)

Previsão LGPD (artigo 6º)	Previsão equivalente RGPD (artigo 5º)[126]
Princípio da finalidade: realização do tratamento para propósitos legítimos, específicos, explícitos e informados ao titular, sem possibilidade de tratamento posterior de forma incompatível com essas finalidades	**Princípio da limitação das finalidades:** os dados pessoais são recolhidos para finalidades determinadas, explícitas e legítimas e não podendo ser tratados posteriormente de uma forma incompatível com essas finalidades
Princípio da adequação: compatibilidade do tratamento com as finalidades informadas ao titular, de acordo com o contexto do tratamento	**Princípio da licitude, lealdade e transparência:** os dados pessoais são objeto de um tratamento lícito, leal e transparente em relação ao titular dos dados
Princípio da necessidade: limitação do tratamento ao mínimo necessário para a realização de suas finalidades, com abrangência dos dados pertinentes, proporcionais e não excessivos em relação às finalidades do tratamento de dados;	**Princípio da minimização dos dados:** os dados pessoais são adequados, pertinentes e limitados ao que é necessário relativamente às finalidades para as quais são tratados.
Princípio do livre acesso: garantia, aos titulares, de consulta facilitada e gratuita sobre a forma e a duração do tratamento, bem como sobre a integralidade de seus dados pessoais;	N/A[127]
Princípio da qualidade dos dados: garantia, aos titulares, de exatidão, clareza, relevância e atualização dos dados, de acordo com a necessidade e para o cumprimento da finalidade de seu tratamento;	**Princípio da exatidão:** os dados pessoais são exatos e atualizados sempre que necessário

---

[126] Apesar de o artigo 5º do RGPD não ter equivalências perfeitas para todas as previsões dos princípios da LGPD, outras partes da norma internacional podem conter compatibilidades com a brasileira; o principal intuito da tabela foi conseguir trabalhar quais critérios foram considerados relevantes para serem trazidos em forma de princípios em ambas as normas.

[127] Sobre o tema, importante citar a Secção 2 do RGPD que versa sobre "Informação e acesso aos dados pessoais".

(conclusão)

Previsão LGPD (artigo 6º)	Previsão equivalente RGPD (artigo 5º)[126]
Princípio da transparência: garantia, aos titulares, de informações claras, precisas e facilmente acessíveis sobre a realização do tratamento e os respectivos agentes de tratamento, observados os segredos comercial e industrial;	**Princípio da licitude, lealdade e transparência:** (repetição)
Princípio da segurança: utilização de medidas técnicas e administrativas aptas a proteger os dados pessoais de acessos não autorizados e de situações acidentais ou ilícitas de destruição, perda, alteração, comunicação ou difusão;	**Princípio da integridade e confidencialidade:** os dados pessoais são tratados de uma forma que garanta a sua segurança, incluindo a proteção contra o seu tratamento não autorizado ou ilícito e contra a sua perda, destruição ou danificação acidental, adotando as medidas técnicas ou organizativas adequadas
Princípio da prevenção: adoção de medidas para prevenir a ocorrência de danos em virtude do tratamento de dados pessoais;	**Princípio da integridade e confidencialidade:** (repetição)
Princípio da não discriminação: impossibilidade de realização do tratamento para fins discriminatórios ilícitos ou abusivos;	N/A
Princípio da responsabilização e prestação de contas: demonstração, pelo agente, da adoção de medidas eficazes e capazes de comprovar a observância e o cumprimento das normas de proteção de dados pessoais e, inclusive, da eficácia dessas medidas.	**Princípio da responsabilidade:** o responsável pelo tratamento é responsável pelo cumprimento dos princípios e tem de poder comprová-lo.
N/A	**Princípio da limitação da conservação:** os dados pessoais são conservados de uma forma que permita a identificação dos dados apenas durante o período necessário para as finalidades para as quais são tratados.

QUADRO 1 – Comparativo entre princípios previstos na LGPD e no RGPD. Elaborado pela autora.

Considerando tais equivalências, também nos valemos de experiências europeias para avaliação de como os princípios de proteção de dados podem mitigar os riscos existentes em tratamentos de dados para fins publicitários.

Os princípios da LGPD reafirmam diversas previsões de proteção e segurança dadas aos hipossuficientes, titulares de dados, já trazidas em diversas normativas.[128] Isso confirma a necessidade de uma organização atender a todos os requisitos de validade de determinado tratamento, que, no caso de publicidade, ganha destaque a proteção ao consumidor, além de todo o sistema de autorregulamentação da publicidade.[129]

O princípio da finalidade é grande norteador das ideias concretizadas pelos demais princípios. Com grande relação com o princípio da adequação e da transparência, as previsões relacionadas à finalidade trazem deveres de transparência para o agente de tratamento, além de trazer como consequência que o tratamento incompatível com a finalidade especificada pelo agente de tratamento é incompatível com a legislação e, portanto, ilegal. Ainda que exista alguma base legal que possa justificar o tratamento, a falta de adequação à finalidade determinada gera a abusividade do tratamento.[130]

A definição da finalidade não pode ser demasiadamente genérica, mas tampouco deve ser extremamente rígida. Por isso, não há como considerar que uma finalidade genérica como "fins publicitários" possa ser considerada válida para utilização de qualquer base legal. Dessa forma, deve-se considerar em quais situações se mostra necessário o consentimento do titular para que esse seja alvo de qualquer tipo de *marketing* direcionado e quando será possível ter um tratamento legítimo sem ser baseado no consentimento, mas cumprindo o princípio da finalidade. Sobre isso, a própria LGPD define que "o consentimento deverá referir-se a finalidades determinadas, e as autorizações genéricas para o tratamento de dados serão nulas".[131] A finalidade do tratamento deve, ainda, estar de acordo com os objetivos da LGPD, ou seja, deve proteger a privacidade e o livre desenvolvimento da personalidade.

Nesse mesmo sentido, o próprio princípio da finalidade e outros relacionados já impõem limites a diversas práticas manipulativas. Como

---

[128] OLIVEIRA, M. A. B.; LOPES, I. M. P. Os princípios norteadores da proteção de dados pessoais no Brasil e sua otimização pela Lei 13.709/2018. *In*: TEPEDINO, G.; FRAZÃO, A.; OLIVA, M. D. (Org.). *Lei Geral de Proteção de Dados Pessoais e suas repercussões no Direito Brasileiro*. São Paulo: Thomson Reuters Brasil, 2019. p. 53-83.

[129] BEZERRA, G. M. P. Publicidade e defesa do consumidor no Brasil: histórico, cenário político e disputas sobre a implementação do Código em contraponto à autorregulamentação publicitária no país. *Revista dos Tribunais*, [s. l.], v. 111, n. May, p. 197-218, 2017. ; BIONI, 2019.

[130] ARTICLE 29 DATA PROTECTION WORKING PARTY. *Opinion 03/2013 on purpose limitation*. [s. l.], v. 00569/13/E, n. April, p. 1-70, 2013.

[131] Art. 8º, §4º, da LGPD.

mencionado, é extremamente difícil considerar quando estamos diante de uma prática manipulativa, de tal forma que a falta de definição de finalidade daquele tratamento e a insuficiência de transparência de aspectos do tratamento, já podem caracterizar uma prática obscura e, portanto, ilegal.

O princípio da necessidade também atua como forma de impedir práticas abusivas. Tendo em vista sua aplicação desde o início do tratamento, o princípio impede *ex ante* o aumento de riscos de manipulação ou discriminação,[132] porquanto somente os dados estritamente necessários podem ser coletados, impedindo o tratamento excessivo de dados. Apesar do amplo processamento de dados trazer vantagens claras para a organização e possibilitar uma perfilização mais precisa dos titulares, os riscos inerentes ao tratamento de dados pessoais já mencionados compõem razões suficientes para impedir a coleta infinita de tais informações. Por isso, somente os dados estritamente necessários para determinada finalidade podem ser tratados.

Por fim, também merece destaque o princípio da não discriminação. Ao reafirmar que é ilegítimo o tratamento que traga qualquer tipo de discriminação ilícita ou abusiva, a LGPD reafirma que é possível sim a discriminação lícita ou que traga vantagens ao titular, como em alguns casos da criação de perfis comportamentais. Contudo, qualquer exploração de vulnerabilidades deverá ser considerada como uma exploração de discriminação ilícita ou abusiva. Por isso é tão relevante ter em mente que as escolhas sobre os tratamentos de dados são escolhas empresarias e, caso exista alguma exploração que traga danos e riscos relevantes ao titular, essa discriminação baseada na perfilização é contrária à própria LGPD.

Ao nos depararmos com marketing direcionado, estamos perante práticas discriminatórias, tendo em vista que perfis diferentes irão receber conteúdos diferentes. Portanto, passa a ser uma obrigação da organização responsável pelo conteúdo personalizado comprovar que essa discriminação não é ilícita em nenhum sentido, afastando a caracterização de manipulação ou exploração de perfis inaceitáveis.

Nessa perspectiva, o princípio da prevenção também completa o ciclo de segurança do titular, inclusive ao ter em vista a obrigação imposta ao agente de tratamento de prevenir danos ao titular, o que inclui o tratamento discriminatório e exploratório de vulnerabilidades. Então, a matéria de proteção ao consumidor ganha novamente

---

[132] CALO, 2014.

importância, que impede que consumidores sejam tratados de forma discriminatória, inclusive no princípio a liberdade de escolha e a igualdade nas contratações.[133]

Entende-se que há um grande dever de informação imposto aos agentes de tratamento, devendo esses especificar diversos critérios do fluxo de dados utilizados para fins publicitários e, em consequência, para criação de perfis comportamentais. Conclui-se que esses devem expor a finalidade específica do tratamento,[134] o que trará respostas sobre a base legal adequada, além de mencionar os riscos relativos ao tratamento e demonstrar como a organização garante que não será feita nenhuma forma de discriminação com o titular ou outras pessoas.

Contudo, a existência de base legal que possa justificar determinado tratamento não sana as ilegalidades do processamento que desrespeita qualquer dos princípios de proteção de dados. Dessa forma, as análises sobre as bases legais aplicáveis ao *marketing* direcionado a partir do tratamento de dados deve considerar que o tratamento somente será legítimo caso esteja de acordo com todos os princípios reforçados pela própria LGPD. Na eventualidade de coleta excessiva de informações, com finalidade diversa da informada pelo titular ou até com algum tipo de discriminação entre os consumidores que possa gerar prejuízos a esses, o tratamento já deve ser considerado ilícito antes mesmo da análise de bases legais.

Conclui-se, portanto, que uma abordagem regulatória que impõe diversas obrigações às organizações a fim de garantir que os princípios da LGPD sejam implementados de forma concreta nas interações com os usuários é uma das respostas necessárias para que não existam discriminações prejudiciais aos usuários. Para tanto destaca-se o papel a ser desempenhado por guias e decisões de órgãos especializados como a ANPD e órgãos de proteção ao consumidor.

O princípio da transparência é essencial para garantir que os usuários saibam quais aspectos estão sendo considerados para o envio das publicidades direcionadas, assim como a não discriminação proíbe organizações de excluir classes do recebimento de ofertas interessantes.[135] Dessa forma, é possível evitar tanto as discriminações com base

---

[133] MIRAGEM, B. *Discriminação no consumo vai além dos ingressos para mulheres em festa*. [S. l.], 2017. Disponível em: https://www.conjur.com.br/2017-jul-05/garantias-consumo-discriminacao-consumo-alem-ingressos-mulheres-festas. Acesso em: 18 jul. 2022.

[134] Art. 9º, I e V, da LGPD.

[135] CÔRREA, Ana Maria. Regulating targeted advertising: addressing discrimination with transparency, fairness, and auditing tests remedies. *Elsevier Ltd.* 2022.

em omissão (não envio/recebimento de propagandas interessantes) quanto as com base em ações (envio de publicidades exploratórias de características sensíveis, com conteúdo prejudicial, entre outros) a partir da fiscalização principiológica.

CAPÍTULO 3

BASES LEGAIS APLICÁVEIS AO *MARKETING*

As novas normas gerais de proteção de dados apresentam um sistema protetivo, com um modelo *ex ante* de proteção. A regra é: o tratamento de dados é proibido, salvo exista uma justificativa legal para tanto.[136] As bases legais que justificam os tratamentos de dados pessoais no Brasil são previstas nos art. 7º e 11 da LGPD e contam com acréscimos e especificações esparsas ao longo da norma,[137] demonstrando a necessidade da interpretação sistemática da lei para a implementação do sistema protetivo estabelecido por ela.

Importante ressaltar que a norma brasileira não estabelece hierarquia entre as bases legais. O fator mais importante para a definição da base legal deve ser a avaliação da adequação da base legal para a finalidade daquele determinado tratamento, por isso, a definição da base legal é etapa do processo de adequação à LGPD posterior ao mapeamento das atividades de tratamento.[138]

São diversas as bases legais previstas nos mencionados artigos da LGPD, o que demonstra a preocupação da regulação em manter a continuidade do fluxo de dados, desde que exista um equilíbrio com o controle do titular sobre suas informações. O art. 7º prevê as bases legais gerais aplicáveis para o tratamento de dados, já o art. 11 prevê as bases

---

[136] MENDES, L. S.; DONEDA, D. Reflexões Iniciais sobre a Nova Lei Geral de Proteção de Dados. *Revista de Direito do Consumidor*, [s. l.], v. 120, p. 469 -483, 2018b.

[137] Como exemplo, tem-se o art. 23 da LGP que acrescenta a possibilidade do tratamento de dados pelo Poder Público para execução de competências legais ou atribuições legais do serviço público. WIMMER, M. O Regime Jurídico do Tratamento de Dados Pessoais pelo Poder Público. *In*: DONEDA, D. *et al.* (Org.). *Tratado de Proteção de Dados Pessoais*. Rio de Janeiro: Forense, 2021. p. 271 -288.

[138] *CEDIS-IDP; CIPL – CENTRE FOR INFORMATION POLICY LEADERSHIP. Prioridades das Organizações Públicas e Privadas Implementarem de Forma Eficaz a Nova Lei Geral Brasileira de Proteção de Dados (LGPD)*. Brasília: [s. n.], 2021.

legais que justificam o tratamento de dados sensíveis. Em resumo, as bases legais da LGPD são as seguintes:

(continua)

Base legal	Previsão no art. 7º	Previsão no art. 11	Observações
Consentimento	Sim (art. 7º, I)	Sim (art. 11, I)	O consentimento deve ser uma manifestação livre, informada e inequívoca. O consentimento para o tratamento de dados sensíveis deverá, ainda, ser específico e destacado.
Cumprimento de obrigação legal ou regulatória pelo controlador	Sim (art. 7º, II)	Sim (art. 11, II, 'a')	Não existe obrigação legal relacionada às atividades de *marketing* de uma empresa que justifiquem o tratamento de dados pessoais
Execução de políticas públicas	Sim (art. 7º, III)	Sim (art. 11, II, 'b')	Aplicável somente aos tratamentos realizados pela Administração Pública. As previsões dos art. 7º e 11 apresentam pequenas diferenças. Como a pesquisa foca nas atividades de *marketing* realizadas por organizações privadas, essa base legal não será considerada como possivelmente aplicável para o tratamento de dados para fins publicitários.
Realização de estudos	Sim (art. 7º, IV)	Sim (art. 11, II, 'c')	Aplicável somente aos tratamentos realizados por órgãos de pesquisa. A anonimização deve ser garantida sempre que possível. Não é aplicável aos tratamentos para fins publicitários tendo em vista que órgãos de pesquisa[139] não estão presentes em tais processamentos e anúncios – e interpretações de seu desempenho - não podem ser considerados estudos.

---

[139] Órgão de pesquisa estão definidos na LGPD como "órgão ou entidade da administração pública direta ou indireta ou pessoa jurídica de direito privado sem fins lucrativos legalmente constituída sob as leis brasileiras, com sede e foro no País, que inclua em sua missão institucional ou em seu objetivo social ou estatutário a pesquisa básica ou aplicada de caráter histórico, científico, tecnológico ou estatístico", conforme art. 5º, XVIII.

(continua)

Base legal	Previsão no art. 7º	Previsão no art. 11	Observações
Execução de contrato ou de procedimentos preliminares relacionados a contrato	Sim (art. 7º, V)	Não. Mas há a previsão de possibilidade de tratamento para exercício regular de direito, inclusive em contrato (art. 11, II, 'd')	O tratamento deve ser necessário para garantir a efetivação do próprio contrato ou de seus procedimentos preliminares. Existe a interpretação de que essa base legal seria aplicável para os tratamentos de dados realizados para criação de anúncios direcionados.
Exercício regular de direitos	Sim (art. 7º, VI)	Sim (art. 11, II, 'd')	A finalidade deve ser exercício regular de direitos em processo judicial, administrativo ou arbitral. O tratamento de dados sensíveis pode ser feito, ainda, para o exercício regular de direitos em contrato. Essa base não deve ser utilizada para criação de anúncios direcionados, nem para defesa em eventuais disputas sobre abusos publicitários – nesses casos, o mais relevante será demonstrar o funcionamento da categorização realizada de forma geral. Por isso, essa não pode ser justificativa para armazenamento de dados utilizados para anúncios publicitários direcionados.
Proteção da vida ou da incolumidade física do titular ou de terceiro	Sim (art. 7º, VII)	Sim (art. 11, II, 'e')	Não é aplicável para anúncios direcionados

(conclusão)

Base legal	Previsão no art. 7º	Previsão no art. 11	Observações
Tutela da saúde	Sim (art. 7º, VIII)	Sim (art. 11, II, 'f')	Exclusivamente para procedimentos realizados por profissionais de saúde, serviços de saúde ou autoridade sanitária. Dessa forma, não é aplicável para fins publicitários, ainda que sejam enviadas informações relacionadas com novos tratamentos que se relacionem com a melhora da saúde do titular.
Legítimo interesse do controlador ou de terceiro interessado	Sim (art. 7º, IX)	Não	Deve ser realizado teste de proporcionalidade para a utilização dessa base legal. Aplicável para o tratamento de dados para fins publicitários, já que propaganda é um interesse legítimo de organizações.
Proteção do crédito	Sim (art. 7º, X)	Não	Relacionada com as outras normas de proteção ao crédito. Não aplicável aos anúncios direcionados, apesar de também haver criação de perfis de categorização, porque a finalidade é distinta.
Prevenção à fraude e à segurança do titular	Não	Sim (art. 11, II, 'g')	Deverá ser realizado teste de proporcionalidade. Somente para os processos de identificação e autenticação de cadastro em sistemas eletrônicos, logo, não é aplicável para fins publicitários.

QUADRO 2 – Comparativo das bases legais na LGPD. Elaborado pela autora.

Considerando o tratamento de dados para fins publicitários, duas bases legais são aplicáveis para justificar os processamentos de dados com essa finalidade: o consentimento e o interesse legítimo do controlador ou de terceiro interessado – também chamado de "legítimo interesse". Além disso, existe discussão sobre a possibilidade de utilização de uma terceira base legal, a execução contratual. Dessa forma, para compreensão dos direitos do titular e obrigações do controlador na divulgação de publicidade direcionada, a pesquisa passará ao estudo dessas três bases legais, buscando compreender quando cada uma é mais apropriada no mercado de *marketing* digital.

Ressalta-se, contudo, que o estudo não considerará práticas ilegítimas para a compreensão da aplicação dessas bases, principalmente tratamentos discriminatórios, excessivos ou manipulativos.

3.1 O consentimento

O consentimento é uma das bases legais para o tratamento de dados pessoais na LGPD e no RGPD, sendo uma das formas mais claras de garantia de observância da autodeterminação informativa e o controle individual sobre os próprios dados pessoais. É uma previsão importante para a possibilidade do tratamento de dados pessoais, sendo também uma justificativa para o tratamento de dados pessoais sensíveis. O consentimento consiste, basicamente, no aceite do titular para que o tratamento de dados seja realizado por aquela determinada organização para determinada(s) finalidade(s).

A LGPD, em consonância com o modelo europeu, não estabelece hierarquia entre as bases legais, por isso a organização deve avaliar qual a base legal adequada para cada tratamento. O consentimento tem vários requisitos de validade, expostos na própria conceituação e, por isso, é importante que a utilização do consentimento como base legal só seja feita quando realmente for possível atender a todos esses requisitos,[140] ou quando for compulsória a sua utilização. Por isso, passaremos a análise da utilização dessa base legal no contexto de publicidade direcionada.

---

[140] Sobre esse ponto, inclusive, deve-se ter em mente que cabe ao controlador o ônus da prova de que o consentimento foi obtido em conformidade com a LGPD (art. 8º, §2º da LGPD).

3.1.1 A validade do consentimento

O consentimento é base legal que garante o amplo controle dos dados pelo titular. Então, para a sua completa validade em justificar determinado tratamento, o consentimento deve preencher diversos requisitos e os agentes de tratamento deverão cumprir várias obrigações.[141]

Como regra geral, na LGPD, o consentimento deve ser uma "manifestação livre, informada e inequívoca pela qual o titular concorda com o tratamento de seus dados pessoais para uma finalidade determinada".[142] Já para o tratamento de dados sensíveis, além dos requisitos gerais, o consentimento do titular deve ser específico e destacado, para finalidades específicas.[143] Ainda, no caso de tratamento envolvendo dados pessoais de crianças ou adolescentes, o consentimento também deve ser específico e destacado e deve ser concedido por pelo menos um dos pais ou responsável legal.[144]

Portanto, é necessário garantir que o indivíduo recebeu as informações suficientes para compreender a finalidade e as consequências do tratamento baseado no seu consentimento, inclusive no caso de criação de perfis para fins de direcionamento publicitário.[145] Para isso, o titular deve ser informado sobre o tratamento e suas finalidades de forma clara e inequívoca, antes do início do tratamento, sob pena de o consentimento ser considerado nulo.[146] A necessidade de envio prévio

---

[141] EDPB, E. D. P. B. Guidelines 05/2020 on consent under Regulation 2016/679. [s. l.], n. May, p. 1-33, 2020. Importante ressaltar que essa justificativa legal ocupa a mesma hierarquia das demais bases legais previstas nos art. 7º e 11 da norma brasileira, de forma que a busca por assegurar o controle dos dados pelo titular perpassa também as outras bases legais, garantindo a autodeterminação informativa.

[142] Art. 5º, XII, da LGPD. Nesse mesmo sentido, o artigo 4(11) do RGPD define consentimento como "uma manifestação de vontade, livre, específica, informada e explícita, pela qual o titular dos dados aceita, mediante declaração ou ato positivo inequívoco, que os dados pessoais que lhe dizem respeito sejam objeto de tratamento". Devido à semelhança de definições, a pesquisa utilizou de documentos com origem europeia, devido ao amplo desenvolvimento do tema na região.

[Essa] semelhança está de acordo com o conceito de convergência regulatória (*policy convergence*) trazido por COLIN BENNET, uma vez que existe um processo natural das regulações ao redor do mundo se assemelharem acerca de princípios e diretrizes básicas de proteção de dados. Nesse sentido, o consentimento é entendido em diversos padrões regulatórios como uma forma de garantir o controle do titular sobre os seus dados. BENNETT, C. *Regulating privacy*: data protection and public policy in Europe and the United States. Ithaca: Cornell Universisty Press, 1992.

[143] Art. 11, I, da LGPD.

[144] Art. 14, §1º, da LGPD.

[Art.] 14, §3º, da LGPD

[145] ARTICLE 29 DATA PROTECTION WORKING PARTY, 2017a.

[146] Art. 9º, §1º, da LGPD: Na hipótese em que o consentimento é requerido, esse será considerado nulo caso as informações fornecidas ao titular tenham conteúdo enganoso ou abusivo ou não tenham sido apresentadas previamente com transparência, de forma clara e inequívoca.

de informações não é possível em algumas situações, como no quando dados pessoais passam a ser coletados a partir do clique do usuário em determinado link/site. Nesses casos, não é possível considerar que o consentimento é base legal para a coleta prévia às informações.

Além disso, a comunicação com o titular deve adotar métodos ativos para buscar mitigar a opacidade do tratamento.[147] Ou seja, é necessário que a linguagem seja clara, amplamente acessível e que facilite a compreensão de todas as finalidades do processamento de dados.

A avaliação da caracterização da validade do consentimento é mais delicada nos casos em que o consentimento for necessário para a prestação de um serviço ou produto.[148] Nesse cenário, o titular deve ser informado, de forma destacada, sobre as consequências acerca do não consentimento e sobre como poderá exercer seus direitos. Essas regras buscam garantir que o consentimento é ato unilateral de vontade e não é utilizado conforme a regra do *take it or leave it*.[149]

Por isso, passa-se à análise dos requisitos do consentimento. Uma vez que o conceito de livre perpassa a ideia de possibilidade de escolha, o consentimento não é considerado livre caso exista um desequilíbrio de poder ou quando o titular é obrigado a consentir com um tratamento secundário para ter acesso ao serviço primário. Esse último aspecto se relaciona com a granularidade do consentimento, porquanto deve ser concedido ao titular a possibilidade de consentir somente com alguns tratamentos para determinadas finalidades.[150]

Sobre esse tema, interessante o caso envolvendo o tratamento de dados realizado pelo aplicativo Grindr para fins publicitários. Em 2020, a publicação do relatório "Out of Control" elaborado pela entidade ForbrukerRadet[151] revelou que a empresa Grindr estaria compartilhando dados pessoais de seus usuários – inclusive informações sensíveis – para empresas terceiras, sem o consentimento do titular. Isso gerou uma

---

[147] BIONI, B. R.; LUCIANO, M. O consentimento como processo: em busca do consentimento válido. *In*: BIONI, B. R. et al. (Org.). *Tratado de Proteção de Dados Pessoais*. Rio de Janeiro: Gen, 2020. p. 163 -175.

[148] Sobre esse aspecto, o artigo 7(3) do RGPD prevê que "ao avaliar se o consentimento é dado livremente, há que verificar com a máxima atenção se, designadamente, a execução de um contrato, inclusive a prestação de um serviço, está subordinada ao consentimento para o tratamento de dados pessoais que não é necessário para a execução desse contrato.".

[149] DONEDA, 2006.; TEPEDINO, G.; TEFFÉ, C. S. de. Consentimento e proteção de dados pessoais na LGPD. *In*: FRAZÃO, A.; TEPEDINO, G.; OLIVA, M. D. (Org.). *Lei Geral de Proteção de Dados Pessoais e suas repercussões no Direito Brasileiro*. São Paulo: Thomson Reuters Brasil, 2019. p. 287-322.

[150] EDPB, 2020.

[151] FORBRUKERRADET. *Out of Control*. [S. l.: s. n.], 2020.

investigação, com cooperação internacional, pela Autoridade Espanhola de Proteção de Dados. Tendo em vista a atualização do modelo de consentimento e comprovação de que a empresa não realizava nenhuma decisão totalmente automatizada a partir do tratamento dos dados pessoais, as atividades do Grindr foram consideradas como compatíveis com o RGPD.[152]

Contudo, processo com objeto semelhante teve decisão oposta na Autoridade de Proteção de Dados da Noruega. A autoridade concluiu que o Grindr compartilhava dados com terceiros para fins de publicidade direcionada e, que esse fato não era informado de modo apropriado para os titulares, o que impedia a validade do consentimento. A empresa foi multada porque compartilhou dados para fins publicitários com empresas de publicidade a partir do consentimento dado com o aceite dos termos e condições. Contudo, a concordância com os termos era obrigatória para o uso do aplicativo, então o consentimento não pode ser considerado como válido.[153] Logo, o Brasil deve ter atuação bastante cuidadosa no julgamento da validade do consentimento quando ele é obrigatório para acesso a determinado produto.

A avaliação se o consentimento é inequívoco e informado é bastante similar, tendo em vista que ambos os critérios se relacionam com o princípio da transparência. O primeiro se refere ao consentimento individualizado para cada finalidade, de forma clara e não ambígua, relacionando-se com o princípio da finalidade.[154] Já o segundo diz respeito à publicação de informações para o titular; logo, para o consentimento ser informado,[155] é necessário que o titular tenha acesso às informações sobre: a identidade do controlador e formas de contato com esse agente; a finalidade do tratamento; quais dados serão utilizados; a possibilidade de retirada do consentimento;[156] a utilização de mecanismos de decisão automatizada; a forma e a duração do tratamento; os compartilhamentos com terceiros; e sobre os seus direitos.[157]

Resta claro que a utilização de termos genéricos para demonstrar a finalidade do tratamento, como "para fins de melhorar a sua experiência", devem ser abandonados. Afinal, somente a partir da definição clara da finalidade do tratamento que será possível avaliar regressivamente

---

[152] AEPD, Processo número E/03624/2021.
[153] Caso nº 20/02136-18
[154] BIONI; LUCIANO, 2020.
[155] Art. 9º da LGPD.
[156] Conforme o §5º do art. 8º da LGPD. Sobre esse ponto, ver o capítulo sobre a gestão do consentimento dessa pesquisa.
[157] EDPB, 2020.; TEPEDINO; TEFFÉ, 2019.

a validade do consentimento.[158] Além disso, o consentimento deve ser concedido no momento do tratamento. Ou seja, o consentimento também deve ser atual.

Todos os requisitos de validade do consentimento deverão considerar o contexto no qual a concordância do titular foi obtida, existindo maior dificuldade de comprovação de validade do consentimento em situações de desequilíbrio entre o agente de tratamento e o titular.[159] Como exemplo disso, tem-se a relação entre o Poder Público e seus regulados; há certa desconfiança em considerar o consentimento do titular como válido, tendo em vista a dificuldade em caracterização de uma manifestação livre.[160]

Além disso, ressalta-se que o consentimento deve ser interpretado restritamente.[161] Ou seja, o consentimento só é base legal para o tratamento primário e para a finalidade informada ao titular.[162] Dessa forma, caso o consentimento pretenda abranger diversas atividades, se mostra necessário coletar um consentimento para cada finalidade.[163]

Por fim, a partir da ideia de que o consentimento é um processo contínuo, a avaliação da validade dele também é e, por isso, também é essencial, para a validade do consentimento, que todas as etapas da gestão do consentimento sejam observadas pela organização. A partir dessas ideias, questiona-se se é possível obter consentimento válido para exploração de perfis comportamentais. É muito provável que uma empresa que atue com total transparência, demonstrando como determinado indivíduo é classificado, não obtenha o consentimento daquele indivíduo para o tratamento. E, ainda que obtivesse, o tratamento pode estar em desacordo com princípios e direitos da própria LGPD ou outras normas aplicáveis, o que também afasta a validade do tratamento. Mas desde que esses pontos sejam atendidos, é possível utilizar o consentimento como base legal para tratamento de dados para fins publicitários.

---

[158] BIONI; LUCIANO, 2020.

[159] Ibid.

[160] WIMMER, 2021. Sobre o assunto, ainda existem as dificuldades relacionadas ao gerenciamento do consentimento, o que será desenvolvido no capítulo sobre obrigações dos agentes de tratamento.

[161] VIOLA, M.; TEFFÉ, C. S. de. Tratamento de dados pessoais na LGPD: estudo sobre as bases legais dos artigos 7º e 11. *In*: DONEDA, D. *et al.* (Org.). *Tratado de Proteção de Dados Pessoais*. Rio de Janeiro: Forense, 2021. p. 117-148.

[162] BIONI; LUCIANO, 2020.

[163] O Considerando nº 32 do RGPD determina que "o consentimento deverá abranger todas as atividades de tratamento realizadas com a mesma finalidade. Nos casos em que o tratamento sirva fins múltiplos, deverá ser dado um consentimento para todos esses fins.".

3.1.2 Gestão do consentimento

A escolha da base legal que justifica cada tratamento de dados é de suma importância para garantir a legalidade do tratamento, inclusive para a observância de todos os deveres advindos e relacionados com aquela base legal. Por essa razão, a gestão do consentimento será compreendida, nesse trabalho, como um conjunto de direitos previstos na LGPD, que trazem obrigações aos agentes de tratamento de dever de controle específico aos tratamentos baseados no consentimento.[164]

A gestão do consentimento começa desde o dever de informação do controlador para o titular antes de obter o aceite do indivíduo. O agente de tratamento deve, antes da obtenção do consentimento, informar o titular sobre aspectos básicos do tratamento, sobre a o consentimento ser requisito para o fornecimento do serviço ou o produto e sobre a possibilidade de o indivíduo não fornecer o consentimento – e quais seriam as consequências disso.[165] Por isso, a definição da base do tratamento deve ser prévia ao início da atividade.

Ainda, o ônus de comprovação da validade do consentimento é imposto ao controlador de dados e, por isso, a LGPD afirma que o consentimento deve ser fornecido por meio hábil a demonstrar a manifestação de vontade do titular.[166] E, nesse sentido, o consentimento será nulo caso não seja possível comprovar o atendimento a todos os requisitos de validade quando requerido pela autoridade competente[167] – sendo, nesse caso, possível a avaliação de se outra base legal é adequada para o tratamento.

Sobre meios probatórios, o mapeamento e registro das atividades de tratamento é de grande importância na gestão do consentimento. Primeiramente porque o titular pode requerer cópia eletrônica integral dos seus dados pessoais tratados com base no consentimento, desde que observados os segredos comercial e industrial. Esse tema ainda pode ser objeto de regulamentação complementar pela ANPD,[168] mas deve ser compreendido como um direito específico além da portabilidade.

Além disso, o controlador deverá informar - ativamente e de forma prévia - ao titular acerca de qualquer alteração sobre a finalidade específica do tratamento, forma e duração do tratamento, identificação do controlador ou sobre os compartilhamentos de dados feitos, quando

---

[164] CEDIS-IDP; CIPL – CENTRE FOR INFORMATION POLICY LEADERSHIP, 2021.
[165] Art. 18, VIII da LGPD.
[166] Art. 8º, *caput* c/c §2º da LGPD.
[167] Art. 9º, §1º da LGPD.
[168] Art. 19, §3º da LGPD.

os tratamentos são baseados no consentimento.[169] Nesse caso, o consentimento não precisa ser renovado – sendo a omissão equivalente ao aceite –, mas deve ser dada a oportunidade facilitada de revogar o consentimento para a continuidade do tratamento nos novos termos.[170] Nesses casos, cabe ao agente de tratamento comprovar que tais comunicações foram efetivas, alcançaram os titulares e foi fornecido tempo suficiente para que os indivíduos aceitassem – ou não – os novos termos.

O consentimento não deve ser compreendido como uma autorização genérica e perene para o tratamento de dados pessoais, mas sim como uma escolha temporária do titular.[171] Por isso, uma das principais previsões relativas aos direitos do titular quando relacionados ao consentimento é a possibilidade da retirada do consentimento a qualquer momento,[172] o que gerará a necessidade do término do tratamento, salvo as hipóteses legais.[173] Nesse sentido, faz parte da gestão do consentimento a possibilidade de o titular requerer a eliminação dos dados, salvo as exceções legais.[174]

Caso isso ocorra, ainda é responsabilidade do controlador informar os outros agentes de tratamento com quem tenha compartilhado os dados sobre a necessidade de que esses agentes também realizem a exclusão dos dados pessoais.[175] Esse passo é importantíssimo no sistema complexo que está inserida a publicidade direcionada, em que há diversos compartilhamentos de dados. Essa obrigação traz a necessidade de que o controlador tenha conhecimento sobre o fluxo dos dados em sua empresa, para que o processo de comunicação a outros agentes de tratamento seja feito em tempo hábil e de forma efetiva.

Nesse sentido, no *marketing* indireto, ou seja, quando não existe relacionamento prévio entre o titular e o controlador, quando

---

[169] Art. 8º, §6º da LGPD.
[170] Art. 9º, §2º da LGPD.
[171] TEPEDINO; TEFFÉ, 2019.
[172] O artigo 7(3) do RGPD prevê "o titular dos dados tem o direito de retirar o seu consentimento a qualquer momento. A retirada do consentimento não compromete a licitude do tratamento efetuado com base no consentimento previamente dado. Antes de dar o seu consentimento, o titular dos dados é informado desse facto. O consentimento deve ser tão fácil de retirar quanto de dar.". Nesse mesmo sentido, o Considerando nº 42 dessa regulação também dispõe que "Não se deverá considerar que o consentimento foi dado de livre vontade se o titular dos dados não dispuser de uma escolha verdadeira ou livre ou não puder recusar nem retirar o consentimento sem ser prejudicado.".
[173] Art. 15 c/c 16 da LGPD. FRAZÃO, A. *Nova LGPD*: o término do tratamento de dados. [*S. l.*], 2018e.
[174] Art. 18, VI da LGPD.
[175] Art. 18, §6º da LGPD.

o tratamento for baseado no consentimento, é necessário que sejam fornecidas ao titular informações sobre pelo menos um dos agentes de tratamento, para quem poderá direcionar as suas requisições. Ou, ainda, no *marketing* direto com compartilhamento de dados, o titular só precisará entrar em contato com o controlador com quem mantém a relação direta.

Dessa forma, para a validade do consentimento, é necessário que o controlador observe todas essas regras de governança, que somente serão possíveis de serem cumpridas caso o agente passe por um processo contínuo de adequação à LGPD.[176]

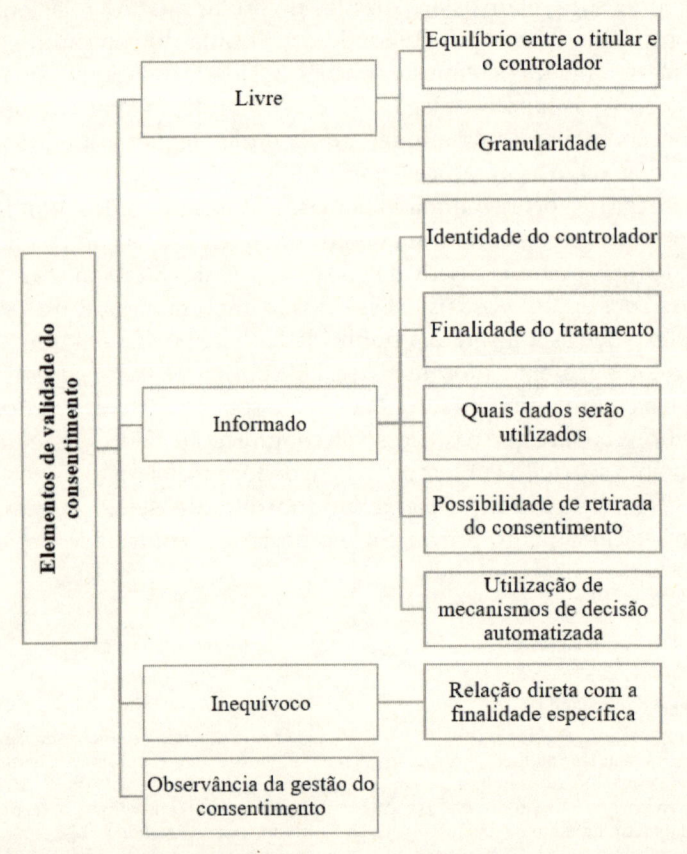

```
Elementos de validade do consentimento
├── Livre
│   ├── Equilíbrio entre o titular e o controlador
│   └── Granularidade
├── Informado
│   ├── Identidade do controlador
│   ├── Finalidade do tratamento
│   ├── Quais dados serão utilizados
│   ├── Possibilidade de retirada do consentimento
│   └── Utilização de mecanismos de decisão automatizada
├── Inequívoco
│   └── Relação direta com a finalidade específica
└── Observância da gestão do consentimento
```

FIGURA 5 – Elementos de validade do consentimento – baseada em Bioni, 2019. Atualizada pela autora.

---

[176] CEDIS-IDP; CIPL – CENTRE FOR INFORMATION POLICY LEADERSHIP, 2021.

3.1.2.1 Formas do consentimento

Apesar de carregar tantos requisitos de validade, o consentimento pode adotar diversas formas, como a eletrônica, a oral ou a escrita. Contudo, ressalta-se que essa ação deve estar destacada, principalmente no contexto de uma declaração escrita que também apresenta outros assuntos.[177] Além disso, o consentimento não pode ser presumido. A validade do consentimento depende de uma atividade do titular, então não se deve basear na omissão do indivíduo. Ou seja, o silêncio ou opções pré-validadas não caracterizam o consentimento.[178]

Por isso, é comum a utilização da abordagem *notice and consent*, em que o titular é primeiramente informado sobre os detalhes do tratamento e, em seguida, consente (ou não) com o tratamento. Contudo, por limitações cognitivas e sociológicas, entende-se que nem sempre esse consentimento será totalmente racional, porque, muitas vezes, o titular não é capaz de avaliar realmente todas as consequências do tratamento.[179] Por isso, é essencial que o controlador adote formas de obtenção do consentimento que permita que essa base legal atinja o seu objetivo: o titular controlando seus dados pessoais, entendendo as consequências daquele determinado consentimento.

Além disso, é do controlador o ônus da prova de que o consentimento atende a todos os requisitos legais.[180] Então, apesar de não existir uma forma estanque para a obtenção do consentimento, devido ao ônus da prova imposto ao controlador, é necessário que esse agente de tratamento mantenha o registro do consentimento. Como mencionado, é a partir dessa prova que será possível analisar a validade do consentimento. Conforme a ICO, o arquivamento do consentimento deve conter (1) quando e como o consentimento foi obtido; e (2) exatamente o que foi informado ao titular à época do consentimento e suas atualizações.[181]

---

[177] Sobre esse ponto, o RGPD, em seu artigo 7(2), prevê que "se o consentimento do titular for dado no contexto de uma declaração escrita que diga também respeito a outros assuntos, o pedido de consentimento deve ser apresentado de uma forma que o distinga claramente desses outros assuntos de modo inteligível e de fácil acesso e numa linguagem clara e simples".

[178] Nesse sentido, o Considerando nº 32 do RGPD determina que "o silêncio, as opções pré-validadas ou a omissão, não deverão, por conseguinte, constituir um consentimento".

[179] MENDES, L. S.; FONSECA, G. C. S. Proteção de Dados para Além do Consentimento: tendências de materialização. *In*: DONEDA, D. et al. (Org.). *Tratado de Proteção de Dados Pessoais*. Rio de Janeiro: Forense, 2021. p. 73-95.

[180] Art. 8º, §2º, da LGPD. Na mesma linha, o artigo 7(1) do RGPD prevê que "quando o tratamento for realizado com base no consentimento, o responsável pelo tratamento deve poder demonstrar que o titular deu o seu consentimento para o tratamento dos seus dados pessoais". O Considerando nº 42 do RGPD apresenta redação semelhante.

[181] ICO. *Guide to the General Data Protection Regulation (GDPR)*. [S. l.: s. n.], 2021. Disponível em: https://ico.org.uk/for-organisations/guide-to-the-general-data-protection-regulation-gdpr/.

Ou seja, existem dificuldades em comprovar a obtenção de um consentimento válido. Exemplo disso pode ser visto no caso PS/00500/2020 julgado pela Agência Espanhola de Proteção de Dados. Nesse julgamento, um Banco espanhol foi multado por não ter obtido um consentimento válido para os fins de *profiling*. A instituição financeira utilizava dados pessoais para a avaliação de *score* de crédito de seus usuários e para publicidade direcionada, a partir do contrato de fornecimento de crédito. Essa prática foi objeto de investigação pela autoridade, após denúncia de um titular de dados. A empresa afirmou que a criação de perfis para fins publicitários era feita a partir do consentimento do titular. Ao final do julgamento, a autoridade concluiu que o banco não fornecia informações suficientes ao titular para garantir o consentimento informado, além de não apontar que seriam realizados compartilhamentos de dados. Por fim, foi ressaltado que não havia nenhuma forma de granularidade do consentimento, então, ou o titular consentia com todos os tratamentos ou a relação com o banco inexistia. A partir dessa fundamentação, o Banco foi multado por descumprimento à legislação de proteção de dados.[182]

É importante que o consentimento seja encarado como um processo contínuo e não como uma etapa que se inicia e termina com a coleta do termo do consentimento. Somente um processo dinâmico garante a autodeterminação informativa do titular, que perpassa os direitos de informação, revisão e revogação.[183] Portanto, na propaganda direcionada a partir do tratamento de dados pessoais é essencial que o titular seja sempre atualizado sobre quais dados são utilizados para a criação de perfis e de qual forma o indivíduo é classificado, demonstrando as categorias utilizadas, para garantir que nenhum perfil inaceitável é utilizado.

Considerando o objeto dessa pesquisa, entende-se que, para o preenchimento dos requisitos de validade do consentimento para fins publicitários, deve-se compreender que essa atividade normalmente é uma finalidade secundária. Então, quando o tratamento prioritário for relacionado a outra finalidade, será necessário obter o consentimento destacado para a coleta de informações para fins de direcionamento publicitário. Além disso, como será destacado em diversos momentos ao longo do presente trabalho, quando a criação de anúncios direcionados envolver o tratamento compartilhado de dados pessoais e a base legal

---

[182] RESOLUCIÓN DE PROCEDIMIENTO SANCIONADOR Nº PS/00500/2020. 2021. Disponível em: https://www.aepd.es/es/documento/ps-00500-2020.pdf.
[183] BIONI; LUCIANO, 2020.

escolhida for o consentimento, deverá existir consentimento específico para a transferência para esse fim. Considerando esses requisitos de validade, é importante avaliar alguns modelos de informação prévia ao consentimento.

3.1.2.2 Termos de uso, políticas e avisos de privacidade

Termos de uso, políticas e avisos de privacidade fazem parte da adequação às regras de proteção de dados pessoais. Após a vigência de marcos regulatórios como o RGPD e a LGPD, as empresas passaram a adotar essas formas de informação prévia sobre o tratamento aos titulares, preocupando-se cada vez mais com a linguagem e formato de tais avisos.

Ao longo desse livro, esses documentos são mencionados algumas vezes, principalmente no tópico relacionado ao direito de acesso. Mas essas comunicações também são necessárias para garantir que o titular seja informado sobre os tratamentos que serão realizados por aquela organização antes de realmente fornecer seu consentimento.

Conclui-se até o momento que, para garantir a observância dos princípios da LGPD e afastar a caracterização de manipulação ou de uso de perfis inaceitáveis, a organização deve demonstrar quais dados são utilizados para a criação de perfis e quais categorias o indivíduo pode ser enquadrado. É necessária a compreensão de se os documentos aqui estudados podem ser suficientes para garantir o repasse informado desses tópicos.

Sobre o consentimento, é importante ressaltar que já faz tempo que o consentimento obtido pelo *check* em uma caixa no final de grandes termos de uso não atende os requisitos trazidos pela LGPD. Em especial pelo esvaziamento das informações e a falta de caracterização de uma manifestação informada por parte do titular, principalmente quando o "check" é a alternativa padrão. Dessa forma, novas práticas em relação a esses documentos devem ser adotadas, para garantir que o titular realmente seja informado sobre o tratamento de dados e suas finalidades antes de consentir com determinado tratamento.[184]

Como soluções para esse problema de esvaziamento de tais documentos, o RGPD trouxe possibilidades para atualizações o uso de termos, políticas e avisos de privacidade. A primeira se relaciona com a possibilidade de uma comunicação não escrita com o titular, através de ícones, imagens ou até vídeos, desde que acessíveis e de fácil

---

[184] VRABEC, H. U. *Data Subject Rights under the GDPR*: With a Commentary through the Lens of the Data-Driven Economy. Oxford: Oxford University Press, 2021.

compreensão.[185] Essa mudança para linguagem não escrita deve ser utilizada quando apropriado, considerando o público-alvo daquela informação.[186]

Entre essas novas formas de comunicação, merece destaque o trabalho *visuele voorwaardenm* (termos e condições visuais, em tradução livre) desenvolvido por Universidades holandesas e citado por Vrabec (2021), que propõe ferramentas para permitir a criação de páginas não escritas para obtenção do consentimento informado do titular.[187]

Ainda sobre soluções apresentadas por Vrabec, a autora traz a possibilidade de transformação do sistema de políticas de privacidade em algo semelhante às regras de informação e simbologia existentes nas embalagens de produtos de consumo, e apresenta a seguinte sugestão:[188]

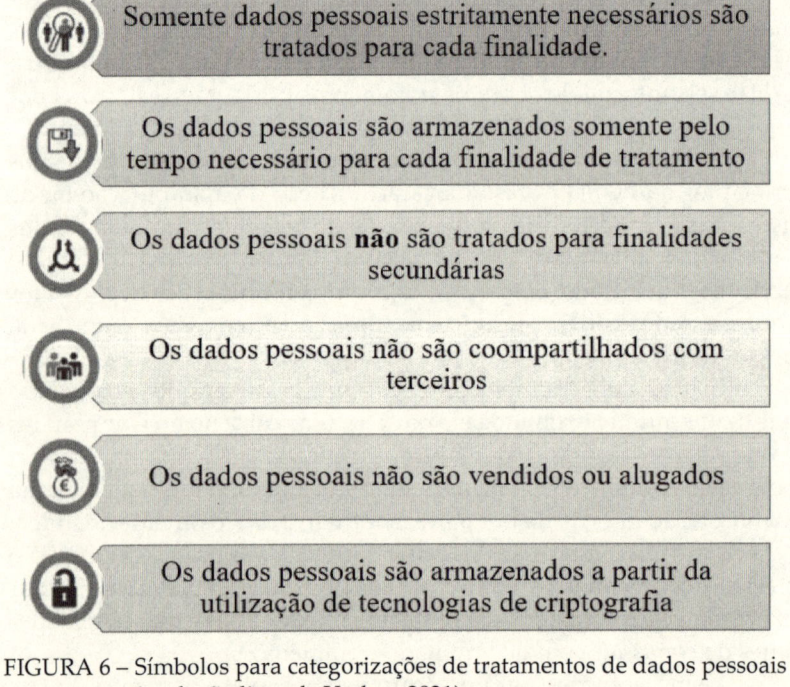

- Somente dados pessoais estritamente necessários são tratados para cada finalidade.
- Os dados pessoais são armazenados somente pelo tempo necessário para cada finalidade de tratamento
- Os dados pessoais **não** são tratados para finalidades secundárias
- Os dados pessoais não são coompartilhados com terceiros
- Os dados pessoais não são vendidos ou alugados
- Os dados pessoais são armazenados a partir da utilização de tecnologias de criptografia

FIGURA 6 – Símbolos para categorizações de tratamentos de dados pessoais (tradução livre de Vrabec, 2021).

---

[185] Artigo 12(7) do RGPD: As informações a fornecer pelos titulares dos dados nos termos dos artigos 13º e 14º podem ser dadas em combinação com ícones normalizados a fim de dar, de uma forma facilmente visível, inteligível e claramente legível, uma perspectiva geral significativa do tratamento previsto. Se forem apresentados por via eletrônica, os ícones devem ser de leitura automática.

Entende-se que modelo de rótulos de embalagem se mostra como uma boa forma de comunicação, principalmente com a possibilidade de o ícone estar *linkado* com outra página contendo maiores informações e detalhamentos. Além disso, esses símbolos ganham maior importância no mercado de publicidade, tendo em vista a aproximação com o setor consumerista e o recorrente uso da linguagem não escrita para comunicação consumidores. Seria interessante aproveitar o desenvolvimento dessas práticas no setor consumerista para garantir as melhores aplicações para o titular, que, na proteção de dados, também está em local de vulnerabilidade.

Além da proposta já apresentada, a partir da comum prática de criação de perfis, inclusive para fins publicitários, acredita-se que ainda seriam necessários selos específicos sobre a utilização de dados pessoais para perfilização do titular e sobre esse processo ser automatizado ou não. Como exemplo inicial para tanto, sugere-se a adoção de figuras que tragam a ideia de alerta:

Os dados pessoais passam por um processo de decisões automatizadas, sem intervenção humana.

Os dados coletados são utilizados para personalização de conteúdo publicitário.

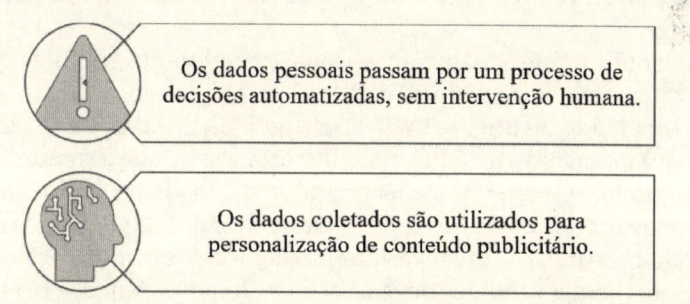

FIGURA 7 – Símbolos para decisões automatização e personalização de conteúdo publicitário

---

[186] Considerando 58 do RGPD: O princípio da transparência exige que qualquer informação destinada ao público ou ao titular dos dados seja concisa, de fácil acesso e compreensão, bem como formulada numa linguagem clara e simples, e que se recorra, adicionalmente, à visualização sempre que for adequado. Essas informações poderão ser fornecidas por via eletrônica, por exemplo, num sítio *web*, quando se destinarem ao público. Isto é especialmente relevante em situações em que a proliferação de operadores e a complexidade tecnológica das práticas tornam difícil que o titular dos dados saiba e compreenda se, por quem e para que fins os seus dados pessoais estão a ser recolhidos, como no caso da publicidade por via eletrônica. Uma vez que as crianças merecem proteção específica, sempre que o tratamento lhes seja dirigido, qualquer informação e comunicação deverá estar redigida numa linguagem clara e simples para que a criança compreenda facilmente.

[187] VRABEC, 2021.

[188] Apud, VRABEC, 2021. BOERMAN, J. *Visual Legal Privacy Statements*. [S. l.], 2016.

Em busca de facilitar a comunicação com o titular, outras práticas são bem-vindas, como o desenvolvimento de modelos padrão de políticas de privacidade ou termos de uso pelas autoridades competentes. Isso permite que a autoridade defina a melhor forma de comunicação entre organização e titular, além de garantir que o titular tenha maior familiaridade com os documentos, compreendendo onde deve buscar cada informação. Essa possibilidade foi trazida em versões anteriores do RGPD, mas não foi incorporado pelo texto legal final, contudo é uma prática interessante considerando a necessidade do consentimento informado do titular.[189]

De qualquer forma, várias autoridades nacionais já publicaram esses modelos. Por exemplo, a CNIL que publicou guias e modelos oficiais, além de gerir o LINC – *Laboratoire d'Innovation Numérique de La CNIL* – ambiente para busca de inovações na proteção de dados que conta com a participação de diversos atores, inclusive regulados, e é liderado por um time de especialistas da autoridade francesa. Entre os exemplos fornecidos, está a utilização de vídeos e tabelas para informar o titular.[190]

Sobre práticas não convencionais, importante ressaltar que a LGPD, diferentemente do RGPD, não traz previsão expressa sobre a possibilidade de utilização de linguagem não escrita. Contudo, em diversos momentos, a LGPD traz a importância de que a comunicação com o titular seja feita de forma "clara", o que pode ser traduzido por essas novas práticas de mercado.[191] Dessa forma, ao longo desse livro, quando tratarmos de direito de informação, acesso e comunicação clara, os pontos aqui levantados devem ser considerados. Ainda, é relevante considerar como a adoção de tais medidas de comunicação facilitará a identificação de uso de métodos manipulativos ou obscuros por agentes de tratamento que buscam manipular e discriminar os consumidores.

Entretanto, essas práticas devem considerar a necessidade de informar e possibilitar o acesso aos dados utilizados para fins publicitários e quais categorias o indivíduo é colocado para cada tratamento. Esse processo deve ser ainda mais refinado em plataformas que agem como local de venda para propagandas direcionadas em tempo real, como redes sociais.[192]

---

[189] Ibid.
[190] Para acesso a todos os instrumentos elaborados pela LINC, acesse: https://design.cnil.fr/en/concepts/consent/.
[191] Art. 6º, VI, sobre o princípio da transparência. Art. 9º, *caput* e §1º. Art. 14, §6º, sobre o tratamento de dados pessoais de crianças e adolescentes. Art. 19, I. Art. 20, §1º. Art. 23, I.
[192] VÉLIZ, C. 2021.

Ainda sobre os termos de uso, políticas e avisos de privacidade, os documentos são também fonte de estudo para acadêmicos e material para fiscalização das atividades de tratamento por parte de autoridades responsáveis e por parte de organizações da sociedade civil. Isso reforça a importância de adoção desses instrumentos pelas das empresas, ainda que o consentimento não seja a base legal para os tratamentos realizados.

Como exemplo, temos o caso da política de privacidade do WhatsApp. Em 2021, a empresa modificou sua política de privacidade para fazer constar de forma mais transparente o compartilhamento de dados entre a versão para profissionais e empresas do aplicativo (WhatsApp Business) e outras empresas que integram o grupo Facebook (agora Meta), inclusive para fins de personalização de recursos, conteúdos e anúncios publicitários. A nova política foi amplamente divulgada pela empresa e foi dado um prazo para os titulares concordarem – ou não – com a nova política, aplicável ao Brasil e outras regiões, mas não aplicável mundialmente, inclusive pelas regras impostas pelo RGPD.[193]

Após análises críticas, CADE, MPF, ANPD e Senacom emitiram recomendação conjunta para o adiamento da entrada em vigor da medida.[194] Em seguida, a ANPD publicou Nota Técnica[195] que ressalta a necessidade de informações sobre as bases legais empregadas, as finalidades dos tratamentos e quais dados seriam parte do compartilhamento. Após tais respostas das autoridades públicas, o WhatsApp se comprometeu em atender as recomendações da ANPD para garantir a legalidade de todos os tratamentos e documentos relacionados à proteção de dados.[196]

---

[193] COALIZÃO DIREITOS NA REDE. *A nova política de privacidade do WhatsApp e o direito à proteção de dados dos brasileiros*. [S. l.], 2021. Disponível em: https://direitosnarede.org.br/2021/05/03/a-nova-politica-de-privacidade-do-whatsapp-e-o-direito-a-protecao-de-dados-dos-brasileiros/. Acesso em: 2 abr. 2022.

[194] BRASIL, 2021. *Recomendação conjunta*. Disponível em: https://www.gov.br/anpd/pt-br/assuntos/noticias/inclusao-de-arquivos-para-link-nas-noticias/recomendacao_whatsapp_-_assinada.pdf. Acesso em 02 de abril de 2022.

[195] BRASIL, 2021. Nota Técnica nº 02/2021/CGTP/ANPD. Disponível em: https://www.gov.br/anpd/pt-br/assuntos/noticias/inclusao-de-arquivos-para-link-nas-noticias/NOTATECNICADACGTP.pdf. Acesso em: 2 abr. 2022.

[Nessa] oportunidade, foi publicado que a empresa informou a Autoridade brasileira que os tratamentos realizados não eram baseados no consentimento, mas sim no legítimo interesse ou na execução de contrato.

[196] TELE.SÍNTESE. *WhatsApp vai atender recomendações da ANPD*. [S. l.], 2021.

3.1.2.3 Cookies e *banners*

Ainda sobre as comunicações com os titulares, é importante destacar os avisos de cookies explorando algumas especificidades desse tema. Os cookies são pequenas informações de texto armazenadas no seu aparelho com acesso à internet e possuem diversas funções – possibilitar funcionalidades de sites, melhorar a experiência da utilização daquele site, registrar os seus movimentos dentro do sítio, lembrar suas informações de login, entre outros[197] – que possibilitam a coleta de diversos dados, que também são utilizados para criação de perfis comportamentais.

Os cookies foram considerados como a principal tecnologia para coleta de dados entre as empresas durante décadas, sendo essenciais para a criação do mercado de publicidade direcionada, inclusive pela possibilidade de instalação de cookies de terceiros em páginas *online*.[198] Contudo, pelo peso que o uso desse instrumento hoje carrega, organizações estão tendentes a adotar novos mecanismos que permitem o direcionamento de anúncios publicitários.

O Google é exemplo desse movimento. Ainda em 2021, o Google anunciou a substituição dos cookies de terceiros pela tecnologia FLoC (Federated Learning of Cohorts) que visa a possibilidade de direcionar anúncios para titulares sem abrir informações individualizadas. Isso seria possível através da agregação de indivíduos em determinadas (macro) categorias. Essa categorização poderia mudar a cada semana e uma categoria só seria ofertada para um anunciante caso houvesse indivíduos suficientes para garantir a impossibilidade da identificação individualizada.[199]

Essa mudança foi amplamente criticada[200] e, então, em 2022 o Google anunciou que iria abandonar o FLoC e adotaria uma nova forma de categorização de usuários, o *Topics API*. Essa tecnologia permite a

---

[197] NORTON. *What are cookies?*. [S. l.], 2019.

[198] Essa tecnologia é conhecida como *cookies* de terceiros – ou *third-party cookies* – e consiste na instalação de cookies de outra empresa/organização no site de uma empresa alheia. Ou seja, é quando o armazenamento das informações é feito por outra empresa que não aquele relacionada com o *site* visitado. Exemplo seria o Google Ads, que monitora quais sites foram visitados por cada usuário, para depois utilizar essa informação para oferecer serviços de publicidade direcionada para outras empresas.

[199] NIELD, D. *What's Google FLoC? And How Does It Affect Your Privacy?* [S. l.], 2021. Disponível em: https://www.wired.com/story/google-floc-privacy-ad-tracking-explainer/. Acesso em: 7 fev. 2020.

[200] CYPHERS, B. *Google's FLoC Is a Terrible Idea.* [S. l.], 2021. Disponível em: https://www.eff.org/deeplinks/2021/03/googles-floc-terrible-idea. Acesso em: 7 fev. 2020.

categorização de indivíduos por cinco interesses por semana. As informações serão armazenadas por três semanas; após esse período, os dados serão excluídos. A empresa garante que as categorias serão escolhidas por cada titular em seus próprios dispositivos e que não criará categorias sensíveis.[201] Apesar de ser considerada como uma evolução do FLoC, a tecnologia já é criticada por entidades como a Electronic Frontier Foundation (EFF), por criar riscos à privacidade do usuário.[202]

Outro exemplo de mudanças nesse sentido é o que está acontecendo no sistema iOS desenvolvido pela Apple. A empresa quer fornecer maior possibilidade de controle dos usuários sobre os seus dados ao colocar como obrigação a todos os aplicativos oferecerem um pop-up inicial perguntando ao titular sobre o aceite em ser rastreado pelo aplicativo – e a resposta poderá ser não. Essa resposta empresarial surge após várias críticas à falta de transparência das políticas e termos de uso dos aplicativos. Então, a empresa pretende manter a fidelidade dos usuários, apesar de gerar efeitos negativos para os desenvolvedores de aplicativos que também dependiam desse tipo de coleta para os produtos já oferecidos e que estão sendo desenvolvidos.[203]

Ainda, podemos citar a parceria que está sendo desenvolvida por Meta e Firefox que busca a criação da tecnologia denominada de Atribuição Privada Interoperável (IPA na sigla original em inglês) com objetivo de criar relatórios de anúncios mais gerais, mas com resultados bastante eficientes, garantindo a observância da privacidade.[204]

O afastamento dos cookies tem várias razões, mas ressalta-se o fato de que autoridades competentes afirmaram a invalidade do uso dessa tecnologia para fins de criação de perfis, principalmente ao confirmar que o consentimento do titular obtido através dos avisos de cookies não é válido.

Em decisão recente, a Autoridade belga de proteção de dados, considerou que o *banner* de cookies desenvolvido pela *IAB Europe* não

---

[201] Relação com o conceito de dados sensíveis.
[202] ROTH, E. *Google abandons FLoC, introduces Topics API to replace tracking cookies*. [S. l.], 2022. Disponível em: https://www.theverge.com/2022/1/25/22900567/google-floc-abandon-topics-api-cookies-tracking. Acesso em: 7 fev. 2020.
[203] NEWMAN, L. H. *The New iOS Update Lets You Stop Ads From Tracking You – So Do It*. [S. l.], 2021. Ainda sobre o tema, a Apple também adotou medidas para aprimorar a privacidade do Safari, com medidas de *privacy by design* e *privacy by default*.
[204] A relação entre as empresas mudou bastante ao longo dos anos, tendo em vista que em 2018 a Mozilla desenvolveu instrumento para impedir a coleta extensiva de dados pessoais realizada pelo Facebook (atual Meta). KLEINA, N. Meta e Firefox trabalhamm em nova tecnologia par anúncios. *TecMundo*, [s. l.], 14 fev. 2022. Disponível em: https://www.tecmundo.com.br/internet/233760-meta-firefox-trabalham-juntas-nova-tecnologia-anuncios.htm

é suficiente para cumprir os requisitos de validade do consentimento, principalmente considerando o sistema de propostas em tempo real (*real-time bidding system*). Isso trouxe necessidade de maior granularidade nos *banners* de cookies para garantir que o consentimento seja inequívoco e livre. Fica, assim, reforçada a ideia de *privacy-by-design* e *privacy-by-default,* de forma que o *opt-out* – principalmente para os cookies de terceiros – seja a disposição padrão daquele aviso. Ou seja, é necessário oferecer a opção de rejeitar todos os cookies e, como o modelo inicial oferecido ao titular, somente os cookies estritamente necessários para o funcionamento da página devem estar ativos. Diante o exposto, a organização NOYB (*none of your business*) propõe o novo seguinte modelo de *banner* de cookies:[205]

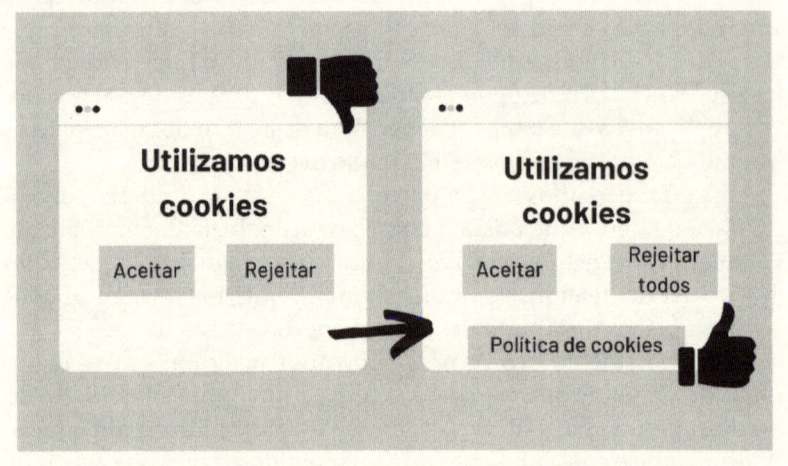

FIGURA 8 – Banner cookies (tradução livre de Noyb, 2022)

Essa decisão é importante visto que o *banner* foi considerado insuficiente, justamente porque a utilização do consentimento como base legal era obrigatório para aquele tratamento, considerando o alto risco da atividade de tratamento – por isso, o tratamento não poderia ser baseado no legítimo interesse.[206] Tendo isso em mente, passaremos à análise de quais situações o consentimento é compulsório. Mas, de qualquer forma, é importante considerar que as boas práticas levantadas para o uso de *banners* de cookies devem servir, ainda que o uso das tecnologias seja baseado em outra previsão legal.

---

[205] NOYB. *More cookies banners to go*: second wave of complaints underway. [S. l.], 2022.
[206] IRISH COUNCIL FOR CIVIL LIBERTIES. GDPR enforcer rules that IAB Europe's consent popups are unlawful. 2022.

3.1.3 Situações de consentimento compulsório

Várias das discussões trazidas sobre a forma do consentimento surgiram no contexto europeu em práticas de publicidade, porque, na regulação europeia, o consentimento é obrigatório para diversas situações relacionadas ao marketing direcionado. Contudo, é importante ressaltar que as principais regras de obrigatoriedade de consentimento estão previstas na Diretiva ePrivacy e não no RGPD, logo, a influência do RGPD na regulação brasileira não foi suficiente para a que a mesma influência existisse para as situações de consentimento compulgório.

A Diretiva está passando por um processo de revisão, mas o EDPB já se manifestou no sentido de que o conceito de consentimento dessa norma deve ser aplicado em conjunto com o exposto no RGPD. Dessa forma, a maioria das práticas de *marketing* online, os métodos de rastreamento *online* e *telemarketing* devem ser baseados no consentimento, que deverão atender a todas as regras de validade do consentimento.[207] Somente não recaem sobre essa regra de consentimento as propagandas eletrônicas direcionadas a partir de uma relacionamento prévio entre o titular e o controlador – marketing direto.[208] Por essa razão, são comuns os casos em que uma prática publicitária direcionada é considerada irregular por alguma autoridade competente, porquanto as organizações não conseguem comprovar a coleta de um consentimento válido.

De qualquer forma, a Diretiva tem grande relevância ao trazer previsão específica sobre comunicações não solicitadas (art. 13). A norma garante que chamadas automatizadas somente poderão ser realizadas a partir do consentimento prévio do titular e proíbe de antemão o envio de e-mails para comercialização direta que omitam algumas informações ou que não permitam a oposição direta de tal comunicação. Esses são meios amplamente utilizados pela publicidade direcionada a partir do tratamento de dados, de tal forma que, na União Europeia, está reconhecido que tais situações requerem o consentimento prévio e válido do titular.[209]

No Brasil, as regras sobre consentimento obrigatório para *marketing* baseado no tratamento de dados pessoais não são tão claras. Tanto o

---

[207] EDPB, 2020.
[208] IRELAND DATA PROTECTION COMMISSION. *FAQ on Consent for Electronic Direct Marketing*. Dublin: [s. n.], 2020.
[209] Apesar de a norma não abranger todas as situações de marketing direcionado a partir da utilização de perfis comportamentais, essas situações compulsórias merecem destaque. ARTICLE 29 DATA PROTECTION WORKING PARTY, 2013.

CDC quanto o Código do CONAR não mencionam o consentimento. O MCI traz conceito e aplicações do consentimento na internet. O MCI determina que é direito do usuário, no acesso à internet, o "consentimento expresso sobre coleta, uso, armazenamento e tratamento de dados pessoais, que deverá ocorrer de forma destacada das demais cláusulas contratuais".[210] Ainda, traz como direito do usuário o não fornecimento de seus dados pessoais a terceiros, salvo mediante consentimento livre, expresso e informado ou nas hipóteses previstas em lei.[211]

Primeiro ponto a se considerar é que, até o momento, entende-se que a LGPD não revogou nenhuma disposição do MCI, de tal forma que as normas deveriam ser interpretadas conjuntamente, ainda no que diz respeito ao consentimento. Essa interpretação tem respaldo na ideia de que a LGPD alterou, expressamente, dois artigos do MCI. Dessa forma, se fosse a intenção do legislador também alterar ou revogar outras previsões do marco civil, o teria feito.[212]

Ao seguir essa compreensão, o consentimento seria base legal para todos os compartilhamentos de dados coletados no uso da internet, o que afetaria diretamente o sistema de criação de perfis e *marketing* direcionado.[213]

Contudo, alguns autores acreditam que a LGPD revogou – implicitamente – algumas das previsões do MCI, inclusive as disposições mencionadas sobre o consentimento. A revogação tácita se daria pelo fato de o art. 7º da LGPD trazer outras hipóteses para o tratamento de dados pessoais, inclusive no ambiente online, sem estabelecimento de hierarquia entre elas.[214]

Esse tema, relacionado com a interação da LGPD com o MCI ainda precisa passar por amplo debate jurisprudencial e constitucional, de forma a se definir se existiu a revogação tácita das previsões sobre o consentimento ou não. Nesse livro, seguimos com a segunda compreensão, de que a LGPD de fato revogou tais previsões do MCI ou

---

[210] Art. 7º, IX do MCI.
[211] Art. 7º, VII do MCI.
[212] DTI BR. *Lei Geral de proteção de dados v. Marco Civil da Internet*: Antinomias. [S. l.], 2019.
[213] FURTADO, G. R.; BEZERRA, D. T. Privacidade, consentimento informado e proteção de dados do consumidor na internet. *Revvista de Direito do Consumidor*, [s. l.], v. 128, p. 205 -225, 2020.
[214] CHAVES, L. F. P.; VIDIGAL, P. A LGPD revogou tacitamente dispositivos do Marco Civil da Internet. [S. l.], 2021. ; EJNISMAN, M. W.; LACERDA, M. E. *O consentimento na internet na nova Lei Geral de Dados Pessoais.* [S. l.], 2019. ; SCHRAPPE, C.; BECKER, D. Consentimento e o consentimento na LGPD. *JOTA*, [s. l.], 3 jan. 2021.

de que a aplicação do consentimento do MCI só deve ser feita quando essa for a base legal para o tratamento definida pela empresa. Esse entendimento se dá pelo fato de o presente estudo também buscar compreender a utilização de outras bases legais para os tratamentos de dados com finalidades publicitárias e por tal interpretação estar de acordo com a lógica imposta da LGPD de que o fluxo de dados existe e é permitido, desde que sejam seguidas as regras impostas pela norma geral, sob pena de esvaziamento das outras bases legais.

Para reforçar esse entendimento, é importante ressaltar que pesquisa realizada pelo InternetLab demonstrou que aplicativos para crianças e aplicativos do governo não cumpriam com os requisitos para a validade do tratamento de dados impostos pelo MCI, inclusive por falta de cumprimento dos padrões de consentimento adequado.[215] Então, a previsão do MCI de consentimento é de difícil concretização. Por isso, parece mais importante que as regras de tratamento e segurança de dados garantam o real controle sobre os dados a partir, inclusive, do uso de outras bases legais, do que um esvaziamento da previsão legal da obrigatoriedade do consentimento trazida pelo MCI.

De qualquer forma, ressalta-se que tal compreensão é frágil e não pacífica. Por isso como boa prática para os agentes de tratamento, sugere-se uma transparência excessiva sobre os tratamentos de dados pessoais para fins publicitários na internet, inclusive através da utilização das sugestões trazidas nesse livro. Ainda que o consentimento não seja a base legal escolhida pela organização, caso seja compreendido que o consentimento é compulsório para o tratamento de dados na internet, pelo menos a organização já estará próxima da obtenção do consentimento válido.

Outras situações de consentimento compulsório não são tão controversas. Dados sensíveis não podem ser processados a partir do legítimo interesse nem na execução de contrato. Portanto, considerando a inexistência de outra base adequada, o consentimento se mostra como a única opção para o tratamento de dados sensíveis para fins publicitários.

Como mencionado, a validade do consentimento para o tratamento de dados sensíveis requer uma carga participativa do titular de dados, de tal forma que o controlador se vê obrigado a adotar mecanismos que cativem mais o indivíduo. Nesse caso, o destaque do consentimento pode ser obtido através dos diferentes meios apresentados,

---

[215] FRAGOSO, N. *O impacto do Marco Civil sobre a proteção da privacidade no Brasil*. [S. l.], 2019.

inclusive a necessidade de adoção de mecanismos que garantam a observância do consentimento como processo contínuo. Exemplo disso seria a confirmação do consentimento em momento posterior, como no caso em que há o aceite no *site* e a concordância adicional por e-mail. O *design* do método de colheita do consentimento passa a ser critério relevante para a avaliação da validade do consentimento obtido.[216]

Outra situação que demanda o consentimento obrigatoriamente é o tratamento de dados de crianças e adolescentes para fins publicitários. Mas a LGPD deve ser interpretada em conjunto com outras legislações aplicáveis; por isso, o tratamento de dados de menores para fins de *marketing* encontra diversas barreiras, que serão melhor exploradas.

Contudo, também existem situações em que o consentimento não é adequado, como: (i) quando não há interação direta com o titular; (ii) quando o tratamento é muito rotineiro e não apresenta riscos à privacidade dos titulares; (iii) em tratamentos repetitivos e referentes a grande número de dados; e (iv) quando o consentimento é contraditório à própria finalidade do tratamento.[217]

Por isso, o consentimento só deve ser coletado quando existem riscos relacionados ao tratamento, como em processos de categorização do titular ou de outras formas de decisões automatizadas a partir de categorias sensíveis, ou quando ele realmente é obrigatório para aquele tratamento. Em tais situações, o mais importante é garantir que o titular seja efetivamente informado sobre as finalidades e os riscos do tratamento. Por fim, é importante considerar e avaliar se outras bases legais não são mais apropriadas para o tratamento.[218] Em se tratando de marketing, ganha espaço a base legal do legítimo interesse.

3.2 O legítimo interesse

Como mencionado, a LGPD adotou um sistema de proteção *ex ante* em relação ao tratamento de dados pessoais. Contudo, a ideia da norma não é impedir o fluxo de informações, mas sim garantir que os titulares tenham controle sobre os seus dados. Diante desta realidade, a lei brasileira apresenta como uma das bases legais para o tratamento de dados o legítimo interesse do controlador ou de terceiro interessado,

---

[216] BIONI; LUCIANO, 2020.
[217] CEDIS-IDP; CIPL – CENTRE FOR INFORMATION POLICY LEADERSHIP, 2021.
[218] MONTEZUMA, L. A.; TAUBMAN-BASSIRIAN, T. How to avoid consent fatigue. [S. l.], 2019.

respondendo às requisições de agentes de tratamento para flexibilizar[219] o sistema rígido de proteção de dados.[220]

Essa medida se mostra adequada para garantir que existe espaço para desenvolvimento de novas tecnologias,[221] através da existência de estruturas de controle, inclusive as bases de tratamento, e o tratamento dos dados pessoais.[222] Com os artigos 7º, inciso IX, 10 e 37 na LGPD, a lei brasileira trouxe previsão ampla o suficiente para flexibilizar a proibição prévia de tratamentos trazida pelo novo esquema regulatório.

Ressalta-se que, em consonância com o que foi apresentado para o consentimento, o legítimo interesse apresenta a mesma hierarquia das outras bases legais previstas na LGPD. Então, ele não deve esvaziar as demais bases legais e tampouco ser evitado, existindo as situações mais adequadas para a sua utilização.[223] Justamente pela função desempenhada pelo legítimo interesse, os intérpretes da norma não devem criar critérios adicionais para a definição do interesse legítimo, uma vez que a própria legislação já é aprofundada sobre a utilização desse conceito. Novas barreiras poderiam impedir a utilização dessa base legal.[224]

Dessa forma, o legítimo interesse aparece como uma via para flexibilização do sistema de proteção *ex ante* da LGPD e, por isso, acaba sendo uma opção interessante para os agentes de tratamento. É possível, inclusive, que a autoridade competente analise um tratamento que foi indicado como baseado no consentimento e, caso o aceite do titular seja inválido, ainda seja legítimo o tratamento a partir do enquadramento no legítimo interesse.[225]

A relação dessa base legal com práticas publicitárias já foi levantada no próprio RGPD[226] e é confirmada em documentos

---

[219] MENDES; DONEDA, 2018a.

[220] BIONI, 2019.

[221] BENNETT, C. J.; RAAB, 2018.

[222] RODOTÀ, 2008.

[223] ARTICLE 29 DATA PROTECTION WORKING PARTY. Opinion 06/2014 on the notion of legitimate interests of the data controller under Article 7 of Directive 95/46/EC. [s. l.], n. April, p. 68, 2014. Disponível em: https://ec.europa.eu/newsroom/article29/news.cfm?item%7B_%7Dtype=1360; NAUWELAERTS, W. GDPR – The Perfect Privacy Storm : You Can Run from the Regulator, but You Cannot Hide from the Consumer. *European Data Protection Law Review*, [s. l.], v. 3, p. 251 -256, 2017.

[224] ARTICLE 29 DATA PROTECTION WORKING PARTY, 2014.

[225] Nesse sentido, o Tribunal Federal Administrativo da Áustria modificou a decisão de instância inferior que considerou um programa de fidelidade de empresa ilegal, uma vez que o consentimento era inválido. Contudo, a Corte afirmou que o juízo *a quo* deveria ter considerado se o tratamento poderia ser baseado no legítimo interesse ao invés do consentimento. (Processo nº BVwG – W256 2227693-1).

[226] O Considerando 47 do RGPD destaca que "[...] Poderá considerar-se de interesse legítimo o tratamento de dados pessoais efetuado para efeitos de comercialização direta".

europeus[227] sobre o tema e pela jurisprudência internacional. Na legislação brasileira, o art. 10[228] demonstra o protagonismo do legítimo interesse como justificativa legal para o tratamento de dados pessoais para fins publicitários ao prever que uma das finalidades legítimas que podem justificar o uso do legítimo interesse é o "apoio e promoção de atividades do controlador". Apesar dessa previsão não falar diretamente de publicidade, a finalidade de promoção das atividades do controlador abarca, claramente as práticas de marketing. Tendo a clara possibilidade de utilização do legítimo interesse como base legal para fins publicitários, iremos analisar os requisitos de validade e os limites dessa base.

3.2.1 Requisitos de validade

O legítimo interesse do controlador só é base legal válida para o tratamento de dados pessoais caso determinados requisitos estejam presentes naquele tratamento. Esses requisitos garantem a observância da autodeterminação informativa e, ainda, reforçam a ideia de que nenhuma base legal é mais fácil ou hierarquicamente superior às outras. O que é mais importante na definição da base legal é garantir que essa justificativa é a mais adequada para as finalidades do tratamento. Então, o legítimo interesse não deve ser utilizado em tratamentos que se relacionam melhor com outra base legal e tampouco deve ser evitado por seus requisitos de validade, quando for a base legal adequada.[229]

Legítimo interesse deve ser compreendido como os benefícios legais que o agente de tratamento obterá a partir daquele processamento.[230] Para sua caracterização é necessário que a finalidade do tratamento seja específica, explícita e informada ao titular,[231] de forma que o interesse legítimo é mais específico do que o princípio da finalidade aplicado a todos os tratamentos.[232]

---

[227] Em destaque, ARTICLE 29 DATA PROTECTION WORKING PARTY, 2014.
[228] Art. 10, I, da LGPD.
[229] ARTICLE 29 DATA PROTECTION WORKING PARTY, 2014.; NAUWELAERTS, 2017.
[230] ARTICLE 29 DATA PROTECTION WORKING PARTY, 2014.
[231] Na LGPD, o art. 10 reforça que o legítimo interesse e todos os seus requisitos devem ser criados e avaliados a partir de uma situação concreta.
[232] É o conceito do princípio da finalidade específica (*purpose specification principle*), aplicável à utilização do legítimo interesse. PATERSON, M.; MCDONGH, M. Data Protection in an Era of Big Data : The Challenges Posed by Big Personal Data. *Monash University Law Review*, [s. l.], v. 44, n. 1, p. 1 -31, 2018.

Interessante ressaltar que, no seu papel de base ampla, os benefícios a serem considerados na utilização do legítimo interesse pode ser tanto do controlador, quanto de qualquer terceiro interessado naquele tratamento. A LGPD traz definição de controlador como "pessoa natural ou jurídica de direito público ou privado, a quem competem as decisões referentes ao tratamento de dados pessoais".[233] Contudo, a norma brasileira não define o conceito "terceiro", mencionado na previsão do legítimo interesse no art. 7º, IX, da LGPD. Por isso, a partir de uma leitura do RGPD, que é bastante semelhante à norma brasileira nas previsões sobre o legítimo interesse, entende-se que terceiro é qualquer pessoa interessada naquele tratamento que esteja sob autoridade direta de algum dos agentes de tratamento.[234]

Como mencionado, os requisitos para a validade de cada uma das bases legais previstas na LGPD variam. Em relação à previsão no art. 7º, IX, da LGPD podemos elencar alguns requisitos de validade para a utilização do legítimo interesse: (1) não há o tratamento de dados sensíveis; (2) foi realizado um teste de proporcionalidade para verificar que os direitos e liberdades do titular se sobrepõem às consequências negativas oriundas do tratamento; e (3) esse teste foi documentado através de documentos de avaliação de risco – avaliação do legítimo interesse (LIA) ou relatório de impacto à proteção de dados (RIPD).

A impossibilidade de utilização de dados sensíveis está clara pela falta de previsão de base equivalente no art. 11, da LGPD. Essa lógica é semelhante à europeia, tendo em vista que o tratamento de dados deve ser amplo e o fluxo possibilitado, mas existem maiores riscos envolvendo o tratamento de dados sensíveis. Por isso, a base legal flexibilizadora – o legítimo interesse – não justifica o tratamento de dados sensíveis.

Sobre esse tema, é importante destacar que a sensibilidade dos dados deve ser considerada e avaliada em contexto. Em mercados como o do marketing direcionado em que há tratamento massificado de dados pessoais, informações que inicialmente não revelam nenhum caráter sensível do titular passam a ser sensíveis quando combinadas para a criação de perfil. Portanto, o legítimo interesse só será passível de utilização quando não criar nenhum perfil inaceitável – que revele,

---

[233] Art. 5º, VI da LGPD.
[234] Art. 4(10) do RGPD: <Terceiro>, a pessoa singular ou coletiva, a autoridade pública, o serviço ou organismo de que não seja o titular dos dados, o responsável pelo tratamento, o subcontratante e as pessoas que, sob a autoridade direta do responsável pelo tratamento ou do subcontratante, estão autorizadas a tratar os dados pessoais.

inclusive, qualquer dado sensível do titular, ainda que de forma secundária.

O teste de proporcionalidade, também em semelhança à previsão do RGPD, é evidenciado pela própria previsão do art. 7º, IX, da LGPD, que expõe que o tratamento de dados pessoais poderá ser realizado baseado no legítimo interesse "**exceto no caso de prevalecerem direitos e liberdades fundamentais do titular** que exijam a proteção dos dados pessoais" (grifos nossos). A necessidade de observar se os direitos e liberdades do titular em comparação com o interesse legítimo do controlador ou terceiro é o que demonstra a necessidade do teste de proporcionalidade.

A documentação dos processos relacionados à utilização da base legal do legítimo interesse está prevista em dois principais artigos da LGPD. O art. 37 que expõe a necessidade dos agentes de tratamento de manter registro das operações de tratamento que realizam, principalmente quando baseadas no legítimo interesse. Além disso, o §3º do art. 10, que prevê que a ANPD poderá solicitar ao controlador relatório de impacto à proteção de dados pessoais quando o tratamento for baseado no legítimo interesse. Apesar das previsões brasileiras somente mencionarem o RIPD, a partir da experiência europeia, acredita-se que para tratamentos de baixo e médio risco, o LIA também é uma opção mais simples de documentação.

Sobre outros requisitos esparsos, é importante a previsão de que o tratamento baseado no legítimo interesse deverá utilizar somente os dados estritamente necessários para a finalidade pretendida.[235] Esse requisito de validade já está relacionado com o princípio da necessidade, mas o fato de a própria LGPD trazer essa ressalva demonstra que os tratamentos baseados no art. 7º, IX, da LGPD deverão ter um cuidado maior em garantir a observância do mencionado princípio.[236] Portanto, apesar de possível a utilização do legítimo interesse para fins publicitários, é necessário destacar a fragilidade dessa base legal. Isso será abordado nos próximos tópicos, que especificarão os critérios de validade do legítimo interesse.

---

[235] Art. 10, §1º, da LGPD: Quando o tratamento for baseado no legítimo interesse do controlador, somente os dados pessoais estritamente necessários para a finalidade pretendida poderão ser tratados.
[236] FRAZÃO, A. Nova LGPD: as demais hipóteses de tratamento de dados pessoais. *JOTA*, 2018a.

3.2.1.1 Teste de proporcionalidade

O teste de proporcionalidade que a utilização do legítimo interesse foi feita a partir de uma avaliação de situação concreta em que os benefícios para o controlador ou terceiro interessado se sobrepõe aos efeitos negativos ao titular. A interpretação dos efeitos e benefícios deve ser feita de forma ampla, a considerar os efeitos positivos e negativos, sua probabilidade e severidade.[237]

O teste deve ser conduzido em três grandes etapas: (1) avaliação da finalidade do tratamento; (2) avaliação da necessidade de todos os dados utilizados para aquele tratamento; (3) análise dos benefícios para o controlador ou terceiro interessado. Além disso, pode existir uma etapa adicional de mecanismos de mitigação de riscos adicionais.[238] O teste deverá ser realizado quando a organização acreditar que o legítimo interesse é a base legal mais adequada para o tratamento, mas, se, após a realização da proporcionalidade, ficar claro que isso não é verdade, outra base legal poderá ser utilizada para o tratamento, desde que seja adequada.

Requisito essencial para a validade do legítimo interesse, o teste pode ser resumido em uma avaliação de risco realizada em etapas. A partir de uma combinação do que foi trazido por Bioni[239] e pelo Article 29,[240] chega-se ao seguinte fluxograma para realização do teste de proporcionalidade:

---

[237] BENNETT, C. J.; RAAB, 2018.; BIONI, 2019.; FERRETTI, F. Data Protection and the Legitimate Interest of Data Controllers: Much Ado About Nothing or the Winter of Rights? *Common Market Law Review*, v. 51, p. 843-868, 2014.
[238] INFORMATION COMMISSIONER'S OFFICE. *Lawful basis for processing*: legitimate interests. [S. l.: s. n.], 2018.
[239] BIONI, 2019.
[240] ARTICLE 29 DATA PROTECTION WORKING PARTY, 2014.

FIGURA 9 – Teste de proporcionalidade

Caracterização do legítimo interesse
a) interesse legal;
b) interesse aplicável à situação concreta;
c) identificação do interesse - finalidade e benefícios do tratamento

Art. 7º, inciso IX da LGPD

Definição de quais serão as consequências (positivas e negativas, certezas e possibilidades) para o titular dos dados

Pontos a serem considerados:
1) natureza dos dados;
2) relação do controlador com o titular;
3) como é realizado o tratamento;
4) respeito aos princípios da LGPD (destaque para necessidade e finalidade)

- Resultado parcial positivo ao controlador ou terceiro interessado
- Resultado parcial negativo ao controlador ou terceiro interessado
- Avaliação dos riscos da atividade
- Adoção de salvaguardas adicionais
- Elaboração do Relatório de Impacto à Proteção de Dados Pessoais (RIPD) para os tratamentos de alto risco
- Elaboração da Avaliação do Legítimo Interesse (legitimate interet assessment - LIA) para os tratamentos de baixo ou médio risco
- Novo resultado parcial, agora positivo ao controlador
- Novo resultado, ainda negativo ao controlador
- Não realizar o tratamento

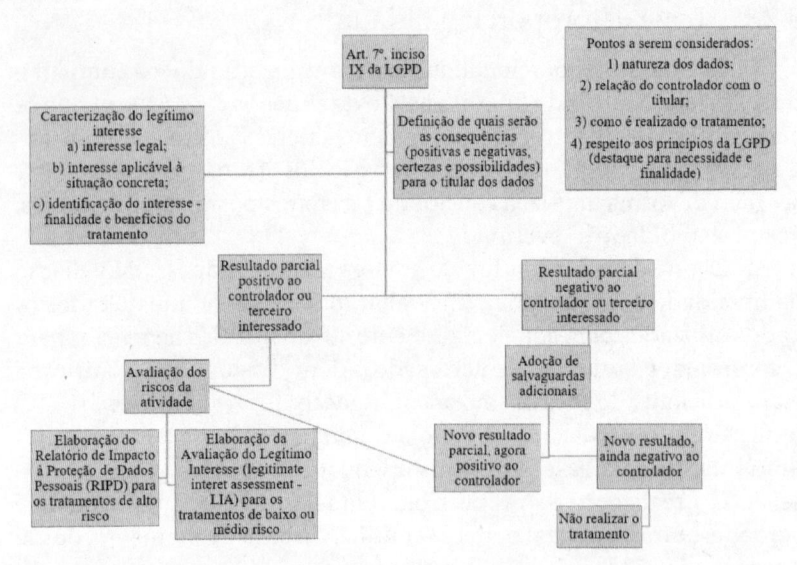

FIGURA 9 – Teste de proporcionalidade. Elaborada pela autora (com base em Bioni, 2018; e WP29)

Caso o resultado seja favorável para o agente de tratamento ou para o terceiro interessado, o legítimo interesse é aplicável para aquele tratamento. Caso o resultado seja desfavorável, poderão ser adotadas salvaguardas adicionais para garantir que o teste volte ao seu equilíbrio e o legítimo interesse seja possível para garantir aquele tratamento. Ou seja, o agente de tratamento pode adotar medidas adicionais de segurança e de mitigação de risco, não previstas inicialmente, para garantir o equilíbrio entre os interesses da empresa e as consequências para o indivíduo. Mas caso o controlador não queira adotar tais medidas adicionais ou, ainda, essas medidas adicionais não sejam suficientes para garantir a observância dos direitos e liberdades do titular, o tratamento não deve ser continuado.

O *marketing* é um interesse legítimo da organização e traz benefícios claros para o anunciante. As novas formas de anúncios, que utilizam de mecanismos do neuromarketing para trazer mais eficiência para as publicidades, trazem ainda mais consequências positivas para o agente de tratamento. Portanto, no teste de proporcionalidade, a estratégia de *marketing* deve ser avaliada a partir desses benefícios, que abrangem, mas não se esgotam, em: divulgação da marca ou produto, maior chance de conversão do anúncio em compra, aumento da relação do titular com a empresa, maior possibilidade de o titular passar a seguir os canais da própria organização, menos gastos com anúncios publicitários (tendo em vista a previsão do anúncio), além de menos externalidades negativas no sistema de propagandas, justamente por evitar e diminuir desperdícios.

Sobre os efeitos para o titular, devem ser considerados os riscos mencionados no tópico 1.2.3.: discriminação a partir de perfis de comportamento criados; identificação de pontos fracos do titular; persuasão personalizada;[241] possibilidade de entrar em contato com o titular. Ainda podemos citar o estresse, o gasto de memória e a perturbação ao sossego trazido pelo envio repetitivo de informações.[242]

Mas também podem ser considerados os benefícios advindos da propaganda direcionada, como: envio de promoções direcionadas e com grande interesse para o titular, possibilidade de descontos personalizados, diminuição do tempo de busca gasto, aumento de informações sobre determinado produto, entre outros.

Contudo, deve-se ter em mente que quando estamos em situações de adoção de práticas manipulativas ou de uso de perfis inaceitáveis, não há como se falar em proporcionalidade. Então, ainda que a organização seja capaz de demonstrar que essas práticas são mitigadas por salvaguardas adicionais, esses usos são ilícitos *per se*.

Essa avaliação é passo necessário para garantir que o legítimo interesse é a base legal mais adequada para aquele determinado tratamento. O teste pode ser avaliado ou até conduzido por autoridades competentes que verificarão a validade do tratamento. Ou seja, o teste traz mais segurança para a utilização da base legal do legítimo interessante, diminuindo os casos em que a autoridade questione a legalidade do tratamento. Mas, ainda é possível que o teste seja questionado.

Como exemplo, podemos citar um caso julgado pelo Tribunal de Apelações de Haia,[243] que considerou que o interesse do titular em retirar seus dados do Sistema de Informação de Crédito não sobrepunha o legítimo interesse do controlador de registrar o *score* de crédito do titular. Tal fato restou evidenciado após a condução do teste de proporcionalidade. Nesse mesmo sentido, caso julgado pelo juízo de primeiro

---

[241] Esse ponto deve considerar o trabalho desenvolvido por Zuboff. A falta de contato com outros conteúdos/produtos que não aqueles definidos pelas empresas parte do sistema de *marketing* podem influenciar o comportamento futuro do titular e mitigar sua liberdade de escolha, algo que deve ser visto como efeito negativo para o titular. ZUBOFF, 2019.

[242] BASAN, 2021.

[243] Caso nº 200.291.947/01.

grau de Amsterdã[244] definiu que o interesse existente na instalação de dispositivos de vídeo-vigilância em um prédio de apartamentos sobrepunha o interesse de um indivíduo em manter a sua privacidade intacta.

Por isso, agora, o trabalho irá aprofundar sobre os documentos relacionados à avaliação desses riscos e suas relações com a base legal do legítimo interesse, mas também sobre a necessidade de elaboração em até outras situações.

3.2.1.2 Relatório de Impacto de Proteção de Dados

A documentação do teste de proporcionalidade é essencial para garantir que o teste foi conduzido de forma prévia ao tratamento. O teste de proporcionalidade pode ser compreendido como uma avaliação de impacto e essa avaliação é passo anterior à elaboração de qualquer documento de análise de riscos. A LGPD só traz um documento de registro para tais avaliações de risco: o relatório de impacto à proteção de dados.

O relatório é definido como "documentação do controlador que contém a descrição dos processos de tratamento de dados pessoais que podem gerar riscos às liberdades civis e aos direitos fundamentais, bem como medidas, salvaguardas e mecanismos de mitigação de risco"[245] e é uma novidade para o sistema brasileiro de proteção de dados pessoais.

Contudo, esse documento é equiparável ao *Data Protection Impact Assessment* (DPIA), instrumento já previsto na Diretiva 95/46/EC e reforçado pelo RGPD, já existente há três décadas no contexto europeu. Importante lição trazida da experiência europeia é que essa documentação se relaciona diretamente com o princípio da prevenção,[246] uma vez que a ideia por trás do documento é evitar a caracterização de danos.[247]

O RGPD foi importante por trazer a obrigatoriedade desse documento nos tratamentos de alto risco para os direitos e liberdades do titular. O Regulamento já estabelece cenários em que o RIPD é obrigatório de forma prévia ao próprio tratamento, outras situações em que esse documento poderá ser requisitado pela autoridade competente

---

[244] Caso nº AMS 20/351.
[245] Art. 5º, XVII da LGPD.
[246] Art. 6º, VIII da LGPD: prevenção: adoção de medidas para prevenir a ocorrência de danos em virtude do tratamento de dados pessoais.
[247] GOMES, M. C. O. Relatório de impacto à proteção de dados: uma breve análise da sua definição e papel na LGPD. *Revista do Advogado*, n. 144, p. 6-15, 2019.

e, ainda, casos em que a elaboração do relatório é incentivada, mas não é obrigatória.[248]

Na regulação brasileira, contudo, essas definições não são tão claras. O §3º do art. 10 traz que a ANPD poderá solicitar ao controlar RIPD quando o tratamento tiver como fundamento seu interesse legítimo. A ANPD pode, ainda, determinar ao controlador que esse elabore RIPD contendo, no mínimo: descrição dos tipos de dados coletados, a metodologia usada para o tratamento e para a garantia da segurança da informação e os mecanismos de mitigação de risco adotados.[249] A autoridade brasileira, ainda pode regulamentar procedimentos sobre RIPD para os casos em que o tratamento representar alto risco aos princípios de proteção de dados.[250]

Dessa forma, considerando as previsões legais mencionadas entende-se que, em semelhança com o que é previsto no modelo europeu, somente nos casos de tratamentos de alto risco é necessária a elaboração prévia do RIPD – principalmente enquanto não houver regulamentação específica da ANPD. Essa obrigatoriedade do RIPD vale tanto para os tratamentos de alto risco baseados no legítimo interesse quanto em outras bases legais.

Isso não significa que o tratamento de baixo e médio risco baseado no legítimo interesse não passará por uma análise de risco; pela obrigatoriedade do teste de proporcionalidade, a análise será realizada, mas sua documentação será feita de forma mais simples através de uma avaliação do legítimo interesse e não por meio de um relatório de impacto.

É importante ressaltar que a elaboração de um relatório de impacto é bastante custosa para uma organização, uma vez que a elaboração desse documento envolve uma análise aprofundada de vários aspectos como: (i) os requisitos mínimos trazidos no §1º do art. 38 da LGPD; (ii) avaliação dos efeitos aos direitos e liberdades do titular; (iii) avaliação do cumprimento dos princípios de proteção de dados; e (iv) os mecanismos de mitigação de riscos adotados naquele tratamento.

Isso porque o RIPD faz parte da ideia de avaliação de impacto regulatório, de tal forma que a sua elaboração envolva a avaliação da conformidade daquele tratamento com as regras impostas pelas normas

---

[248] BENNETT, C. J.; RAAB, 2018.
[249] Art. 38 da LGPD.
[250] Art. 55-J, XIII da LGPD.

de proteção de dados pessoais.²⁵¹ Tendo isso em mente, é importante que o encarregado faça parte do processo de elaboração do RIPD.²⁵²

De qualquer forma, importante ressaltar que as documentações de análise de risco não devem ser feitas somente no processo de adequação à LGPD, mas devem ser adotadas como um processo contínuo da política de proteção de dados das organizações. Por isso, novos produtos – inclusive estratégias de *marketing* mais invasivas ou com novas tecnologias e metodologias – deverão passar por uma análise de risco que deverá ser registrada da maneira mais adequada. Esses registros fazem parte da estratégia de governança que faz parte do processo contínuo de adequação à LGPD.²⁵³

Nesse sentido, destaca-se que o RIPD é um documento de responsabilidade do controlador, demonstrando a importância desse papel sobre o controle dos dados e de todos que terão acesso a tais informações pessoais.²⁵⁴ Contudo, é uma boa prática para o controlador realizar o RIPD das suas atividades de alto risco para registro específico das medidas adotadas por aquela organização.²⁵⁵

Ainda, outro aspecto que ganha destaque nos tratamentos de dados para fins publicitários é o fato de que o registro da análise de impacto pode conter a avaliação de um único tratamento ou múltiplos tratamentos semelhantes.²⁵⁶ Considerando que o processo de criação de estratégia de *marketing* e direcionamento de anúncios, a conjunção da análise desses tratamentos para a mesma finalidade em um único documento pode ser interessante para garantir a verificação de todos os riscos e para possibilitar a elaboração do documento pela organização.

Assim, seguindo a ideia de registros, passaremos a análise do LIA, documento que poderá garantir o registro do teste de proporcionalidade em tratamentos de baixo ou médio risco.

3.2.1.3 *Legitimate Interest Assessment* (LIA)

O documento de registro de análise de impacto denominado de avaliação do legítimo interesse (ou *legitimate interest assessment*

---

[251] GOMES, 2019.
[252] ARTICLE 29 DATA PROTECTION WORKING PARTY. *Guidelines on Data Proteciton Impact Assessment (DPIA) and determining whether processing is "likely to result in a high risk" for the purposes of Regulation 2016/679*. 2017b.
[253] GOMES, 2019.
[254] ARTICLE 29 DATA PROTECTION WORKING PARTY, 2017b.
[255] GOMES, 2019.
[256] ARTICLE 29 DATA PROTECTION WORKING PARTY, 2017b.

– LIA) não é explicitamente mencionado na LGPD nem no RGPD. Contudo, a partir da experiência europeia que adotou amplamente esse documento, sugere-se também a utilização de registro semelhante para os tratamentos de dados baseados no legítimo interesse e que apresentem baixo ou médio risco para os titulares.

O LIA deve ser compreendido como o registro do teste de proporcionalidade nos tratamentos baseados no legítimo interesse e que não apresentem alto risco para o titular.[257] O documento se relaciona diretamente com o princípio de responsabilização e prestação de contas,[258] para garantir que o teste de proporcionalidade foi feito previamente ao tratamento e para demonstração da adequação às regras de proteção de dados.[259]

Então, a partir do que foi apresentado no tópico sobre teste de proporcionalidade, entende-se que o LIA é aplicável quando o primeiro resultado parcial do teste já for positivo para o controlador. No caso de serem necessárias medidas adicionais para garantir a legalidade do tratamento, isso já gera necessidade de elaboração de relatório de impacto.

Ressalta-se que, assim como o relatório de impacto, o LIA não é um documento estático, devendo ser revisitado sempre que houver alguma mudança substantiva no tratamento ou nas regras aplicáveis àquele tratamento. Caso, nessa reavaliação do LIA, sejam verificados altos riscos para os titulares, surge a necessidade de elaboração do RIPD.[260]

3.3 Execução de contrato

A base legal prevista no art. 7º, IV, da LGPD estabelece que o tratamento de dados poderá ser realizado quando for "necessário para a execução de contrato ou de procedimentos preliminares relacionados a contrato do qual seja parte o titular, a pedido do titular dos dados".

Entende-se que a fase preliminar de um contrato abarca o processo de negociação entre as partes. Esse momento de negociações é diferente quando estamos diante de contratos e negociações eletrônicas, principalmente quando uma das partes é uma plataforma gigante da

---

[257] IAB EUROPE LEGAL COMMITTEE. GDPR Guidance: Legitimate Interests Assessments (LIA) For Digital Advertising. *Blog IAB Europe*, 2021.
[258] Art. 6º, X da LGPD: responsabilização e prestação de contas: demonstração, pelo agente, da adoção de medidas eficazes e capazes de comprovar a observância e o cumprimento das normas de proteção de dados pessoais e, inclusive, da eficiência dessas medidas.
[259] INFORMATION COMMISSIONER'S OFFICE, 2018.
[260] Ibid.

internet. Muitas vezes, nessa relação, após uma pesquisa sobre determinado produto, a plataforma passa a direcionar vários anúncios relacionados com o produto buscado. Essa "negociação" apresenta alguns problemas, tendo em vista que a negociação é unidirecional, o consumidor está em situação de vulnerabilidade – acentuada pela relação ser baseada na internet – e pelo fato de o agente de tratamento conseguir aumentar o valor de produto muito buscado pelo titular.

Dessa forma, entende-se que essa "negociação" não deve ser entendida como fase preliminar de contrato de comércio eletrônico, ainda que sejam enviados descontos personalizados. Por isso, para tal tratamento – abarcando o *retargeting* – a base legal da execução de contrato não deve ser aplicada, sendo adequadas as bases de consentimento e legítimo interesse, desde que esteja de acordo com os requisitos de validade para tanto.

Como muitas empresas seguem o modelo de oferecimento de produtos gratuitos em troca da coleta dos dados pessoais, há como argumentar que, nesses casos, o tratamento dos dados faz parte da execução do contrato. Essa contratação seria caracterizada pelos termos de uso do aplicativo, que são compreendidos como contratos de adesão, em que o titular não possui espaço de negociação.[261] Essa forma contratual deve atender aos direitos do consumidor, mas não segue a ideia por trás da execução contratual na LGPD, justamente porque o titular atua de forma quase passiva nessa contratação. Dessa forma, compreende-se que a execução contratual também não seria a mais adequada para esse tratamento.

O exposto está em semelhança com o RGPD que, ao prever sobre a base legal da execução contratual para o tratamento de dados pessoais, explora a ideia de necessidade contratual. Nesse sentido, o EDPB, de acordo com o que já havia sido trazido pelo WP29, afirma que essa base legal não é aplicável ao tratamento de dados com finalidade de *marketing* direcionado. Isso se dá por três grandes razões: (1) o agente de tratamento não foi contratado para criar perfis comportamentais do titular e enviar publicidades para ele; (2) publicidade direcionada não constitui um elemento necessário dos contratos, tendo em vista que o contrato seria celebrado de qualquer forma; e (3) o consentimento é a

---

[261] SARTORI, E. C. M. Privacidade e dados pessoais: a proteção contratual da personalidade do consumidor na internet. *Revista de Direito Civil Contemporâneo*, [s. l.], v. 9, p. 49-104, 2016.

base mais adequada para os tratamentos relacionados à publicidade comportamental (*behavioural marketing*).[262]

Por isso, a partir das compreensões trazidas até o momento nesse trabalho, parece incompatível a observância do princípio da finalidade com a base legal de execução do contrato. Portanto, para fins de *marketing* direcionado a partir do tratamento de dados pessoais, essa base legal deve ser considerada inadequada, inclusive pelo papel passivo desempenhado pelo titular, ainda que esse tenha dado o consentimento. Inclusive porque em tal situação deverá ser aplicado o próprio consentimento com seus requisitos de validade.

---

[262] EUROPEAN DATA PROTECTION BOARD. *Guidelines 2/2019 on the processing of personal data under Article 6(1)(b) GDPR in the context of the provision of online services to data subjects.* [S. l.: s. n.], 2019.

CAPÍTULO 4

DIREITOS DO TITULAR

Como forma de garantir o efetivo controle dos dados pessoais por seus titulares, as leis gerais de proteção de dados tendem a trazer previsões sobre os direitos mínimos dos titulares sobre os seus dados pessoais. As organizações devem investir em instrumentos, pessoas e tecnologias para responder às requisições de exercício de direito dos titulares, uma vez que o descumprimento de dada requisição poderá gerar efeitos econômicos e reputacionais para determinada empresa, inclusive através de sanções aplicáveis pela ANPD.[263]

No processo de criação de perfis para envio direcionado de publicidade, os agentes de tratamento têm o dever de informar o titular sobre os direitos relacionados àquela atividade,[264] principalmente se aquele tratamento for condição para o fornecimento de algum produto ou serviço[265] (ex.: obrigação de informar os dados para conseguir realizar o *download* de conteúdo disponível em sítio eletrônico). Por isso é tão importante o processo de mapeamento das atividades de tratamento e a definição prévia da base legal que sustenta o tratamento, inclusive para que o agente de tratamento possa cumprir essa obrigação.

Na legislação brasileira, o tema é previsto de forma específica no Capítulo III da LGPD. Contudo, o tópico não fica restrito ao Capítulo III

---

[263] CIPL – CENTRE FOR INFORMATION POLICY LEADERSHIP. *Data Subject Rights under the GDPR in a Global Data Driven and Connected World*. 2020. Disponível em: https://www.informationpolicycentre.com/uploads/5/7/1/0/57104281/cipl_comments_on_wp29_data_portability_guid.

[264] PRIVACY INTERNATIONAL. *Rights of Data Subjects*: A Guide for Policy Engagement on Data Protection. [S. l.: s. n.], 2020.

[265] Art. 9º, §3º, da LGPD.

da LGPD, como demonstrado por Frazão,[266] de tal forma que os direitos do titular na LGPD podem ser subdivididos em 4 (quatro) categorias: (i) direitos gerais dos titulares de dados pessoais; (ii) direitos dos titulares de dados que decorrem dos princípios; (iii) direitos específicos dos titulares de dados pessoais; e (iv) direitos instrumentais do titular.

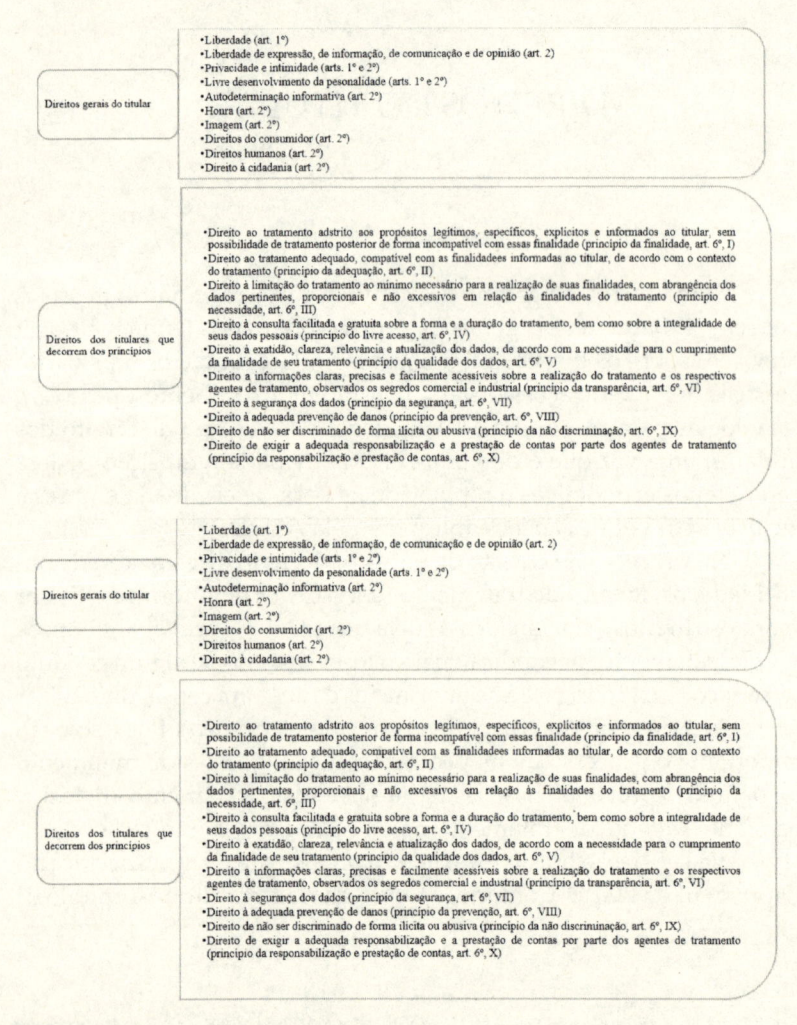

Direitos gerais do titular
- Liberdade (art. 1º)
- Liberdade de expressão, de informação, de comunicação e de opinião (art. 2)
- Privacidade e intimidade (arts. 1º e 2º)
- Livre desenvolvimento da personalidade (arts. 1º e 2º)
- Autodeterminação informativa (art. 2º)
- Honra (art. 2º)
- Imagem (art. 2º)
- Direitos do consumidor (art. 2º)
- Direitos humanos (art. 2º)
- Direito à cidadania (art. 2º)

Direitos dos titulares que decorrem dos princípios
- Direito ao tratamento adstrito aos propósitos legítimos, específicos, explícitos e informados ao titular, sem possibilidade de tratamento posterior de forma incompatível com essas finalidade (princípio da finalidade, art. 6º, I)
- Direito ao tratamento adequado, compatível com as finalidadees informadas ao titular, de acordo com o contexto do tratamento (princípio da adequação, art. 6º, II)
- Direito à limitação do tratamento ao mínimo necessário para a realização de suas finalidades, com abrangência dos dados pertinentes, proporcionais e não excessivos em relação às finalidades do tratamento (princípio da necessidade, art. 6º, III)
- Direito à consulta facilitada e gratuita sobre a forma e a duração do tratamento, bem como sobre a integralidade de seus dados pessoais (princípio do livre acesso, art. 6º, IV)
- Direito à exatidão, clareza, relevância e atualização dos dados, de acordo com a necessidade para o cumprimento da finalidade de seu tratamento (princípio da qualidade dos dados, art. 6º, V)
- Direito a informações claras, precisas e facilmente acessíveis sobre a realização do tratamento e os respectivos agentes de tratamento, observados os segredos comercial e industrial (princípio da transparência, art. 6º, VI)
- Direito à segurança dos dados (princípio da segurança, art. 6º, VII)
- Direito à adequada prevenção de danos (princípio da prevenção, art. 6º, VIII)
- Direito de não ser discriminado de forma ilícita ou abusiva (princípio da não discriminação, art. 6º, IX)
- Direito de exigir a adequada responsabilização e a prestação de contas por parte dos agentes de tratamento (princípio da responsabilização e prestação de contas, art. 6º, X)

Direitos gerais do titular
- Liberdade (art. 1º)
- Liberdade de expressão, de informação, de comunicação e de opinião (art. 2)
- Privacidade e intimidade (arts. 1º e 2º)
- Livre desenvolvimento da personalidade (arts. 1º e 2º)
- Autodeterminação informativa (art. 2º)
- Honra (art. 2º)
- Imagem (art. 2º)
- Direitos do consumidor (art. 2º)
- Direitos humanos (art. 2º)
- Direito à cidadania (art. 2º)

Direitos dos titulares que decorrem dos princípios
- Direito ao tratamento adstrito aos propósitos legítimos, específicos, explícitos e informados ao titular, sem possibilidade de tratamento posterior de forma incompatível com essas finalidade (princípio da finalidade, art. 6º, I)
- Direito ao tratamento adequado, compatível com as finalidadees informadas ao titular, de acordo com o contexto do tratamento (princípio da adequação, art. 6º, II)
- Direito à limitação do tratamento ao mínimo necessário para a realização de suas finalidades, com abrangência dos dados pertinentes, proporcionais e não excessivos em relação às finalidades do tratamento (princípio da necessidade, art. 6º, III)
- Direito à consulta facilitada e gratuita sobre a forma e a duração do tratamento, bem como sobre a integralidade de seus dados pessoais (princípio do livre acesso, art. 6º, IV)
- Direito à exatidão, clareza, relevância e atualização dos dados, de acordo com a necessidade para o cumprimento da finalidade de seu tratamento (princípio da qualidade dos dados, art. 6º, V)
- Direito a informações claras, precisas e facilmente acessíveis sobre a realização do tratamento e os respectivos agentes de tratamento, observados os segredos comercial e industrial (princípio da transparência, art. 6º, VI)
- Direito à segurança dos dados (princípio da segurança, art. 6º, VII)
- Direito à adequada prevenção de danos (princípio da prevenção, art. 6º, VIII)
- Direito de não ser discriminado de forma ilícita ou abusiva (princípio da não discriminação, art. 6º, IX)
- Direito de exigir a adequada responsabilização e a prestação de contas por parte dos agentes de tratamento (princípio da responsabilização e prestação de contas, art. 6º, X)

FIGURA 10 – Classificação dos direitos dos titulares. Frazão, 2022.

---

[266] FRAZÃO, A. *Nova LGPD*: os direitos dos titulares de dados pessoais. Jota, 2018. Disponível em: https://www.jota.info/opiniao-e-analise/colunas/constituicao-empresa-e-mercado/nova-lgpd-os-direitos-dos-titulares-de-dados-pessoais-17102018. Acesso em: 21 mar. 2022.

A primeira categoria de direitos consta nos dois primeiros artigos da LGPD e tem grande relação com as previsões constitucionais e civilistas. Já a segunda categoria de direitos tem origem nas previsões do art. 6º da LGPD e atua como forma de garantir a observância do caráter principiológico da LGPD. Os direitos específicos são aqueles que constam com previsão esparsa na LGPD, mas acabam se relacionando diretamente com os direitos de outras categorias, seja como forma de instrumentalização de direitos ou trazendo especificidades para os outros direitos; eles se relacionam diretamente com diversas obrigações dos agentes de tratamento.

A última categoria é aquela prevista diretamente no capítulo III da LGPD. O art. 17 traz que "toda pessoa natural tem assegurada a titularidade de seus dados pessoais e garantidos os direitos fundamentais de liberdade, de intimidade e de privacidade, nos temos desta Lei". Dessa forma, entende-se que outras previsões sobre direitos do titular na LGPD constam como uma forma de instrumentalização e procedimentalização dos mencionados direitos fundamentais, garantindo que a autodeterminação informativa seja observada a partir de meios concretos que garantem o controle do titular sobre os dados.[267]

Com todo o exposto, resta claro que a lista de direitos trazidas pelo art. 18 é exemplificativa e deve ser compreendida e aplicada com a leitura sistemática da LGPD e outras normas relacionadas, inclusive ao se considerar que o próprio Capítulo legal sobre direitos do titular já apresenta outros direitos. É importante ressaltar que os direitos previstos no mencionado artigo se relacionam com obrigações dos agentes de tratamento e, nesse sentido, a própria lei prevê que o titular de dados tem direito a obter do controlador o exercício dos direitos do controlador, mas devem estar envolvidos nas respostas às requisições os agentes de tratamento como um todo.[268]

Ainda é importante ter-se em mente que diversos direitos estão relacionados com bases legais específicas, por isso é comum se deparar com a expressão "gestão do consentimento" e sinônimos ou documentos relacionados ao legítimo interesse, por exemplo. A ANPD ainda não elaborou norma adicional sobre o tema, mas diversas autoridades

---

[267] SOUZA, E. N. de; SILVA, R. da G. Direitos do titular de dados na Lei 13.709/2018: uma abordagem sistemática. *In*: TEPEDINO, G.; FRAZÃO, A.; OLIVA, M. D. (Org.). *Lei Geral de Proteção de Dados Pessoais e suas repercussões no Direito Brasileiro*. São Paulo: Thomson Reuters Brasil, 2019. p. 243 -286.

[268] FRAZÃO, A. *Nova LGPD*: direitos dos titulares de dados pessoais. Jota, 2018a. Disponível em: https://www.jota.info/opiniao-e-analise/colunas/constituicao-empresa-e-mercado/nova-lgpd-direitos-dos-titulares-de-dados-pessoais-24102018. Acesso em: 21 mar. 2022.

internacionais já se debruçaram sobre a temática e estabeleceram limites para o exercício de determinados direitos.

De qualquer forma, é possível sumarizar os direitos básicos do titular para garantia de controle sobre suas informações pessoais através da sigla "ARCO", abreviação de acesso, retificação, cancelamento e oposição.[269] Essa é a mesma lógica adotada pelo RGPD, que também busca, através de direitos que garantem o "ARCO" dos direitos, assegurar o controle do titular sobre suas informações. Dessa forma, a pesquisa explorará o desdobramento – considerando inclusive os limites – dos direitos instrumentalizadores com base nessa classificação, a partir de revisão bibliográfica sobre a LGPD e o RGPD. Além disso, considerando a relevância em matéria de *marketing*, também serão avaliados o direito à revisão de decisões automatizadas e o direito de portabilidade de forma específica.

4.1 Direito de acesso

O titular tem direito a informações sobre o tratamento de seus dados pessoais, o que se relaciona com os princípios da transparência e do livre acesso. O direito de acesso está postulado em diversos artigos da LGPD, em destaque o art. 9º, que garante o direito de acesso facilitado às informações sobre o tratamento de seus dados,[270] e o art. 18, incisos I, II, VII.[271] O titular pode exercer esse direito a qualquer momento e não são necessárias explicações para as requisições de acesso.[272]

---

[269] MENDES, 2019.

[270] "Art. 9º O titular tem direito ao acesso facilitado às informações sobre o tratamento de seus dados, que deverão ser disponibilizadas de forma clara, adequada e ostensiva acerca de, entre outras características previstas em regulamentação para o atendimento do princípio do livre acesso:
I - finalidade específica do tratamento;
II - forma e duração do tratamento, observados os segredos comercial e industrial;
III - identificação do controlador;
IV - informações de contato do controlador;
V - informações acerca do uso compartilhado de dados pelo controlador e a finalidade;
VI - responsabilidades dos agentes que realizarão o tratamento; e
VII - direitos do titular, com menção explícita aos direitos contidos no art. 18 desta Lei."

[271] "Art. 18. O titular dos dados pessoais tem direito a obter do controlador, em relação aos dados do titular por ele tratados, a qualquer momento e mediante requisição:
I - confirmação da existência de tratamento;
II - acesso aos dados;
[...]
VII - informação das entidades públicas e privadas com as quais o controlador realizou uso compartilhado de dados;"

[272] EUROPEAN DATA PROTECTION BOARD. *Guidelines 01/2022 on data subject rights*: Right of access. [S. l.], 2022.

O direito de acesso é essencial para a garantia do controle sobre os dados, contudo, as previsões legais são bastante amplas. Dessa forma, compreende-se que a operacionalização desse direito vem antes mesmo da requisição do titular, através dos avisos de privacidade, termos de uso e outros documentos semelhantes.[273] Afinal, somente se ciente sobre como, quando e porque seus dados são tratados, o titular poderá decidir, informado, sobre seu engajamento com aquela organização – ou decidir não firmar um relacionamento com tal empresa. Por isso, no caso de criação de perfis para fins publicitários, o titular deve ser informado sobre o fato de a empresa criar inferências sobre ele, principalmente se esse tratamento puder revelar informações sensíveis do indivíduo.[274]

Caso essas informações não sejam fornecidas previamente ao titular, a norma geral brasileira previu a possibilidade de o indivíduo requerer o acesso às informações do tratamento sobre os seus dados.[275] A fim de facilitar o exercício desse direito, a LGPD garantiu que o exercício desse direito deve ser gratuito para o titular,[276] além de mencionar a possibilidade de a requisição ser individual ou coletiva.[277]

O próprio texto legal também já determina a forma de procedimentalização desse direito, em seu art. 19, ao definir que o acesso aos dados pessoais deverá ser providenciado "em formato simplificado, imediatamente" ou "por meio de declaração clara e completa, que indique a origem dos dados, a inexistência de registro, os critérios utilizados e a finalidade do tratamento, observados os segredos comercial e industrial", no prazo de 15 (quinze) dias desde o requerimento do titular. O envio das informações deve ser feito através de meio eletrônico ou de forma impressa.[278] Para tanto, os agentes de tratamento deverão

---

[273] CIPL – CENTRE FOR INFORMATION POLICY LEADERSHIP, 2020.
[274] PRIVACY INTERNATIONAL, 2020.
[275] Ibid.
[276] Art. 6º, IV, da LGPD: livre acesso: garantia, aos titulares, de consulta facilitada e gratuita sobre a forma e a duração do tratamento, bem como sobre a integralidade de seus dados pessoais.
Art. 18, §5º, da LGPD: O requerimento referido no §3º deste artigo será atendido sem custos para o titular, nos prazos e nos termos previstos em regulamento.
[277] FILHO, C. E. do R. M.; CASTRO, D. P. de. Potencialidades do direito de acesso na nova Lei Geral de Proteção de Dados (Lei 13.709.2018). *In*: TEPEDINO, G.; FRAZÃO, A.; OLIVA, M. D. (Org.). *Lei Geral de Proteção de Dados Pessoais e suas repercussões no Direito Brasileiro2*. São Paulo: Thomson Reuters Brasil, 2019. p. 323-346.
[278] "Art. 19. A confirmação de existência ou o acesso a dados pessoais serão providenciados, mediante requisição do titular:
I - em formato simplificado, imediatamente; ou
II - por meio de declaração clara e completa, que indique a origem dos dados, a inexistência de registro, os critérios utilizados e a finalidade do tratamento, observados os segredos

armazenar as informações de forma a facilitar o exercício desse direito e, para tanto, deverão "manter o registro das operações de tratamento de dados que realizarem".[279] Nesse sentido já determina o CDC que o responsável pela publicidade deve organizar os dados fáticos, técnicos e científicos que dão base à publicidade,[280] o que se relaciona ao dever de informação sobre o tratamento de dados feitos com base no tratamento de dados pessoais.

Entretanto, a operacionalização e efetivação das requisições de direito de acesso encontram obstáculos de extrema importância, como a necessidade de verificação de identidade do titular e a garantia de envio de informações completas ao titular.

Portanto, a fim de garantir a operacionalização desse direito, sugere-se que as respostas às primeiras requisições desse direito possam ser mais gerais, trazendo informações referentes sobre a utilização usual dos dados (por exemplo, mencionar quais dados são coletados caso o titular utilize tal serviço específico da organização), principalmente se a resposta for imediata, e a individualização ocorra a partir de requisições mais específicas do titular ou após requisição adicional.[281] Dessa forma, quanto mais precisa for a requisição do titular, mais precisa será a resposta. Ressalta-se que o fornecimento de tais informações mais generalizadas sobre o tratamento de dados segue a ideia de que as informações sobre a forma de operação do tratamento e sobre o ciclo de dados já garante grande controle sobre os dados.[282] Além disso, respostas amplas e imediatas requerem práticas mais simples de verificação de identidade do titular, uma vez que não é necessário o compartilhamento de dados pessoais específicos sobre o titular.

Contudo, a possibilidade de respostas generalizadas deve ser compreendida como diferente de respostas ou avisos genéricos. Sobre

---

comercial e industrial, fornecida no prazo de até 15 (quinze) dias, contado da data do requerimento do titular.
§1º Os dados pessoais serão armazenados em formato que favoreça o exercício do direito de acesso.
§2º As informações e os dados poderão ser fornecidos, a critério do titular:
I - por meio eletrônico, seguro e idôneo para esse fim; ou
II - sob forma impressa."

[279] Art. 37 da LGPD: o controlador e o operador devem manter registro das operações de tratamento de dados pessoais que realizarem, especialmente quando baseado no legítimo interesse.

[280] Art. 69 do CDC.

[281] CIPL – CENTRE FOR INFORMATION POLICY LEADERSHIP, 2020.

[282] FILHO; CASTRO, 2019.

esse ponto, decisão da Agência Espanhola de Proteção de Dados[283] reforçou a necessidade de precisar as finalidades dos tratamentos de dados ainda na política de privacidade, para garantir a observância do princípio da transparência. Nesse sentido, previsões como "conhecer melhor [o cliente] e personalizar a experiência [do titular]" não seriam suficientes para garantir que a política de privacidade já trouxesse respostas ao titular sobre o tratamento de suas informações. Ainda, é importante que a organização determine quais tipos de dados são utilizados para cada finalidades.

Independentemente da forma ou do detalhamento aprofundado da resposta, é importante considerar que o direito de acesso inclui três diferentes componentes: (1) confirmação sobre a existência de tratamento de dados do titular por aquela organização; (2) acesso aos dados pessoais, de forma eletrônica ou impressa; e (3) acesso a informações sobre o tratamento (finalidade, tipos de dados trados, duração do tratamento, direitos do titular, com quais organizações há compartilhamento de dados e quais são as medidas de segurança da informação adotadas).[284]

Apesar de não existir hierarquia ou relação direta entre os direitos previstos na LGPD, o direito ao acesso acaba sendo o primeiro passo para o exercício de outros direitos, visto que, tendo informações sobre os tratamentos realizados por uma organização, o titular poderá avaliar o processamento está de acordo com suas expectativas e com as legislações aplicáveis.[285] Caso entenda que não, poderá exercer outros direitos, como o direito à oposição,[286] diminuindo a assimetria informacional entre o titular e a organização que realiza atividades de perfilização.

Em relação ao exercício do direito de acesso em tratamento de dados para fins publicitários, existe grande debate sobre o acesso a dados inferidos e às categorizações criadas pelas próprias organizações para direcionar seus anúncios publicitários. Sobre esse ponto, interessante decisão da Autoridade de Proteção de Dados da Polônia que determinou ao controlador o dever de indicar ao titular quais categorias de publicidade o indivíduo estava enquadrado a partir das informações coletadas pelo uso de cookies, além de identificar claramente quais informações foram obtidas por meio dessa ferramenta.[287]

---

[283] AEPD, processo número OS/00070/2019.
[284] EUROPEAN DATA PROTECTION BOARD, 2022.
[285] VRABEC, 2021.
[286] PRIVACY INTERNATIONAL, 2020.
[287] Processo número ZSPR.440.331.2019.PR.PAM.

Justamente por esses dados passarem por processos de tratamento em *softwares* adquiridos ou desenvolvidos pelas empresas, é possível a compreensão de que esses dados estariam protegidos por segredos de negócio e, portanto, o direito de acesso estaria mitigado. Contudo, conforme a sistemática por trás do direito de acesso aqui exposta, compreende-se que informações sobre as categorias em que um titular pode ser enquadrado devem ser divulgadas para o indivíduo, principalmente quando exercendo seu direito de acesso. Todavia, ainda existem desdobramentos específicos sobre os dados inferidos e o controle do indivíduo sobre eles. Por isso, o presente trabalho irá passar ao estudo do direito à portabilidade, a fim de compreender melhor esse tema.

4.1.1 Direito à portabilidade

O direito à portabilidade garante a possibilidade de o titular requerer que seus dados pessoais sejam transferidos de um para outro fornecedor de produto ou serviço. A portabilidade é um dos desdobramentos da autodeterminação informacional do titular, principalmente ao passo que essa possibilidade aumenta o empoderamento do titular, que poderá mais facilmente alcançar novos fornecedores e garantir que tenha acesso facilitado ao serviço que melhor atenda às suas vontades.[288]

Com isso, a portabilidade também atua como forma de promover a concorrência e o direito do consumidor.[289] A operacionalização da portabilidade pode ser feita de diferentes formas: sistemas interoperáveis[290] – inclusive por meios eletrônicos – e a partir da disponibilização para o titular dos dados requisitados de forma a permitir seu aproveitamento por outro fornecedor.[291] O direito abrange os dados relacionados a pessoa natural identificada ou identificável, de forma

---

[288] LAPIN. *Portabilidade de Dados e Direito Concorrencial em Mercados Digitais*. Brasília, 2021.

[289] CRAVO, D. C. Portabilidade de Dados: Definições Preliminares. *In*: CRAVO, D. C.; KESSLER, D. S.; DRESCH, R. de F. V. (oOg.). *Direito à portabilidade na Lei Geral de Proteção de Dados*. Indaiatuba, SP: Editora Foco, 2020. p. 1-23.

[290] Art. 40 da LGPD: A autoridade nacional poderá dispor sobre padrões de interoperabilidade para fins de portabilidade, livre acesso aos dados e segurança, assim como sobre o tempo de guarda dos registros, tendo em vista especialmente a necessidade e a transparência.

[291] PINHEIRO, G. P.; LEMOS, A. N. L. E.; SOUTO, G. A. O Direito à Portabilidade de Dados Pessoais e as Consequências de Sua (Não) Implementação para o Direito Concorrencial. *RDP*, v. 17, n. 95, p. 230-247, 2020.

que dados anonimizados[292] e dados de pessoas jurídicas[293] não fazem parte desse direito.

Contudo, para fins publicitários, o direito encontra diversos entraves. O primeiro é relacionado à proteção de segredos comercial e industrial e os dados inferidos obtidos pela empresa. Uma primeira interpretação seria que dados inferidos criados a partir do uso de informações protegidas pelos segredos comercial e industrial não são objeto do exercício do direito à portabilidade, justamente pelo segredo de negócio proteger o *core business* da organização. Outra interpretação seria a de que, de qualquer forma, os dados inferidos ainda são dados pessoais e não revelam, diretamente, os segredos de negócio da empresa e, portanto, seriam objeto da portabilidade.

Mais um ponto de disputa seria a exclusão de dados anonimizados do escopo desse direito. Se entendermos que essa exclusão é absoluta, práticas como FloC do Google ou outras formas de categorização que retiram o caráter individualizado dos perfis criados podem afastar a incidência do direito. Contudo, deve-se considerar a previsão do §2º do art. 12 da LGPD que afirma ser possível a consideração de dados pessoais aqueles utilizados para formação do perfil comportamental de pessoa natural. Há doutrina que destaca a possibilidade da formação desse tipo de perfil a partir do processamento de dados anonimizados.[294]

Portanto, ainda são necessárias maiores compreensões sobre as possibilidades desse direito dentro do sistema do *marketing* direcionado. Com todo o exposto sobre direito de acesso e autodeterminação informativa, mais do que a portabilidade em si, mostra-se necessário que o titular tenha acesso às categorias nas quais ele é categorizado a partir da criação de perfis – principalmente para garantir a correção de qualquer categoria que não represente o titular, garantindo que o tratamento de dados perpetue a ideia de corpo eletrônico e identidade do titular.

---

[292] Art. 18, §7º da LGPD: A portabilidade dos dados pessoais a que se refere o inciso V do caput deste artigo não inclui dados que já tenham sido anonimizados pelo controlador.

[293] Ressalta-se, contudo, que práticas de *multihoming* também são favoráveis à concorrência, inclusive quando envolvendo dados de pessoas jurídicas. Sobre esse ponto, destaca-se o Processo Administrativo nº 08700.005694/2013-19 (Caso Multihoming) julgado pelo CADE. Nessa oportunidade, o Tribunal Administrativo reforçou a boa prática existente entre plataformas de anúncio *online* – Google Ads e outros equivalentes – de uma empresa poder fazer todo o processo de preenchimento para anúncios em uma plataforma e essas informações serem aproveitadas caso a empresa queira anunciar através de plataformas concorrentes, através de meios interoperáveis.

[294] SCHREURS, W. *et al.* Cogitas Ergo Sum: The Role of Data Protection Law and Non-discrimination Law in Group Profiling in the Private Sector. *In*: GUTWIRTH, S.; HILDEBRANDT, M. (Org.). *Profiling the European Citizen*. New York: Springer, 2008.

4.2 Direito de retificação

Como mencionado ao longo desse trabalho, os dados pessoais ganham especial relevância na sociedade da informação tendo em vista sua função em criar e demonstrar a nossa personalidade eletrônica. Por essa razão é tão importante o princípio da qualidade de dados, que garante ao titular ter uma versão atualizada e verídica da sua identidade eletrônica disponível para aqueles agentes de tratamento com quem mantém algum tipo de relação. Essas informações serão utilizadas para decisões realizadas pela empresa e até pelo Setor Público[295] e, muitas das vezes, sem intervenção humana.

A classificação "retificação" vem do RGPD[296] e foi traduzido na LGPD pelo direito à correção de dados incompletos, inexatos ou desatualizados (ar. 18, III) e, principalmente nas criações de perfis a partir de decisões algorítmicas, do direito de revisão de decisões automatizadas (art. 20). A eventual correção dos dados pelo titular com o controlador gera a obrigação, desse agente de tratamento, de informar aos agentes de tratamento com os quais tenha compartilhado tais dados pessoais sobre a retificação (art. 11, §6º, da LGPD).

O direito de revisão de decisões automatizadas tomadas a partir do tratamento de dados pessoais, abrange aquelas decisões destinadas a definir seu perfil pessoal, profissional, de consumo e de crédito ou os aspectos de sua personalidade.[297] Ou seja, para fins publicitários, esse direito ganha destaque, uma vez que os titulares estão sendo constantemente catalogados através de decisões automatizadas a fim de garantir um direcionamento efetivo dos anúncios para o perfil traçado.

Esse direito ganha destaque principalmente tendo em vista que a LGPD não trouxe restrições específicas para o uso de métodos de decisões automatizadas. Então o direito de revisão ganha espaço para práticas em desconformidade com a lei, inclusive com o princípio de não discriminação. Importante ressaltar que a ANPD deve regular sobre

---

[295] PRIVACY INTERNATIONAL, 2020.

[296] O direito de retificação é previsto no art. 16 do RGPD como o direito do titular "de obter, sem demora injustificada, do responsável pelo tratamento a retificação dos dados pessoais inexatos que lhe digam respeito. Tendo em conta as finalidades do tratamento, o titular dos dados tem direito a que os seus dados pessoais incompletos sejam completados, incluindo por meio de uma declaração adicional".

[297] Art. 20, LGPD: O titular dos dados tem direito a solicitar a revisão de decisões tomadas unicamente com base em tratamento automatizado de dados pessoais que afetem seus interesses, incluídas as decisões destinadas a definir o seu perfil pessoal, profissional, de consumo e de crédito ou os aspectos de sua personalidade.

esses limites, assim como novas normas com temáticas relacionadas, como a eventual norma sobre inteligência artificial.[298]

Sob uma perspectiva comparada, o RGPD define que esse direito só poderá ser exercido sobre decisões com efeitos legais ou significantes.[299] Tendo isso em mente, considera-se que qualquer prática de *profiling* baseado em decisões automatizadas, ainda que para fins publicitários, devem ser objeto desse direito. A participação dos alquimistas de dados ou de qualquer humano na construção dos algoritmos utilizados para a criação de perfis não afasta a incidência desse direito.

Contudo, a própria normativa brasileira prevê que as informações a serem fornecidas ao titular encontram um limite nos segredos comercial e industrial. Por isso, é muito importante a atuação da ANPD para garantir que a organização observe o princípio da não discriminação, mantendo o controle sobre os tratamentos automatizados de dados pessoais.[300]

A revisão deve ser compreendida em 4 (quatro) principais desdobramentos: (i) obter informação sobre os critérios e procedimentos utilizados para a decisão;[301] (ii) discordar da decisão automatizado; (iii) revisar a decisão; e (iv) peticionar perante os órgãos competentes caso haja descumprimento dos desdobramentos anteriores.[302]

O direito à revisão se relaciona diretamente com o direito de acesso, tendo em vista que, com as informações sobre as decisões automatizadas, o titular poderá exercer melhor o controle sobre seus dados pessoais, impedindo, principalmente, qualquer categorização discriminatória ou incorreta.[303] Por isso, o terceiro desdobramento é essencial para que qualquer categorização incorreta possa ser corrigida pelo titular, seguindo a ideia de retificação trazida pelo RGPD e obedecendo a qualidade dos dados.

---

[298] Tanto o Brasil quanto a Europa estão passando por processos legislativos para criação de regras para o uso de inteligência artificial. Na Europa, o debate está mais avançado com contribuições públicas ao *Artificial Intelligence Act*. Ver: https://digital-strategy.ec.europa.eu/en/policies/european-approach-artificial-intelligence. Acesso em: 29 mar. 2022.
No Brasil, em 2022 foi instaurada a Comissão de Juristas responsáveis por subsidiar a proposição de substitutivo do Projeto de Lei de Inteligência Artificial. Ver: https://www12.senado.leg.br/noticias/materias/2022/03/24/comissao-de-juristas-comecara-a-analisar-projetos-sobre-inteligencia-artificial. Acesso em: 29 mar. 2022.

[299] Art. 22, RGPD.

[300] FILHO; CASTRO, 2019.

[301] Art. 20, §1º da LGPD: O controlador deverá fornecer, sempre que solicitadas, informações claras e adequadas a respeito dos critérios e dos procedimentos utilizados

[302] FRAZÃO, A. *O direito à explicação e à oposição diante de decisões totalmente automatizadas*. [S. l.], 2018j.

[303] FILHO; CASTRO, 2019.; RODOTÀ, 2008.

Ainda, para a perfeita operacionalização desse direito, recomenda-se que o titular possa requisitar que a revisão da decisão seja feita por humanos. Esse fator é garantido pelo RGPD[304] e estava previsto em outras versões de proposta do texto da LGPD. Dessa forma, as novas regulações sobre inteligência artificial podem trazer essa obrigação como resposta para lacuna existente na LGPD.

De qualquer forma, importante que o titular também terá o direito de retificar os dados incompletos, inexatos ou desatualizados, ainda que o perfil criado para direcionamento de anúncios não tenha passado por nenhum processo de decisão automatizada, garantindo, de toda forma, a qualidade dos dados utilizados para o tratamento. Importante que sejam trazidas recomendações adicionais sobre quão correto deve ser um dado – principalmente os inferidos – e quais os limites do direito de retificação. Nesse sentido, é necessário compreender se é ônus do titular comprovar quais são as informações corretas ou se a mera requisição já é suficiente para o exercício desse direito, tendo em vista a busca pelo controle do seu corpo eletrônico.[305]

4.3 Direito de cancelamento

O direito de cancelamento apresenta dois principais desdobramentos: o direito à anonimização, bloqueio ou eliminação de dados desnecessários, excessivos ou tratados em desconformidade com a LGPD; e a gestão do consentimento, caracterizada pelos direitos de eliminação tratados com o consentimento do titular e de revogação do consentimento.

O direito de eliminação permite que o titular peça a eliminação das informações sobre ele detidas pela organização, impedindo novos tratamentos e finalizando os processamentos realizados por terceiros. A eliminação poderá ser requerida quando o tratamento estiver em desconformidade com a LGPD (ex.: não há base legal que justifique aquele tratamento), principalmente quando não houver a observância do princípio da necessidade, ou quando o tratamento for baseado no consentimento.[306] Considerando a importância do fluxo de dados, o exercício desse direito deve considerar o interesse público e econômico daquele tratamento.[307]

---

[304] Considerando 71.
[305] CIPL – CENTRE FOR INFORMATION POLICY LEADERSHIP, 2020.
[306] Art. 14, III da LGPD.
[307] PRIVACY INTERNATIONAL, 2020.

Por isso, é possível que nas respostas às requisições desse direito, a organização busque métodos para garantir a conformidade do tratamento com as normas aplicáveis, ou consiga demonstrar que o tratamento está de acordo com a LGPD. Durante esse período de diálogo com o titular (e outros agentes que possam ter sido envolvidos no processo de resposta à requisição), os dados devem ser bloqueados.

O bloqueio de dados significa que a organização ainda armazenará os dados, mas não poderá utilizá-los para outras finalidades até quando a controvérsia for resolvida.[308] A temporalidade da medida é trazida pela própria definição do conceito da LGPD, que define bloqueio como "suspensão temporária de qualquer operação de tratamento, mediante guarda do dado pessoal ou do banco de dados".[309]

Caso, após o desenvolvimento da controvérsia, seja verificado o descumprimento das normas de proteção de dados e, em especial, do princípio da necessidade, os dados deverão ser eliminados ou anonimizados, conforme escolha do titular e controlador. Essas medidas devem ser definitivas,[310] e, portanto, é importante que haja uma confirmação do interesse do titular em adotar essas medidas, com explicações sobre cada uma das medidas e suas consequências, antes da realização do procedimento de forma definitiva.[311]

A anonimização é comumente adotada como medida de mitigação aos riscos oriundos de um tratamento, justamente porque dados anonimizados não são objeto da LGPD.[312] O processo de anonimização dos dados é compreendido como a dissociação irreversível dos dados com uma pessoa natural identificada ou identificável.[313] Caso seja possível a regressão, estaremos à frente de práticas de pseudonimização,[314] através do que foi apresentado pela LGPD. [315]

Importante considerarmos que estudiosos compreendem que dados anonimizados podem ser tratados e, dessa forma, possibilitarem a

---

[308] FRAZÃO, A. *Nova LGPD*: direito de anonimização, bloqueio ou eliminação de dados. [*S. l.*], 2018c. ; PRIVACY INTERNATIONAL, 2020.
[309] Art. 5º, XIII da LGPD.
[310] FRAZÃO, 2018c.
[311] CIPL – CENTRE FOR INFORMATION POLICY LEADERSHIP, 2020.
[312] Art. 12 da LGPD.
[313] Art. 5º, III e XI da LGPD.
[314] Art. 13, §4º da LGPD: Para efeitos deste artigo, a pseudonimização é o tratamento por meio do qual um dado perde a possibilidade de associação, direta ou indireta, a um indivíduo, senão pelo uso de informação adicional mantida separadamente pelo controlador em ambiente controlado e seguro.
[315] FRAZÃO, A. O alcance da LGPD e repercussões para a atividade empresaria. *Jota*, 2018i.

identificação do titular.³¹⁶ Por isso, a lei construiu um sistema de proteção aos dados para que, caso seja verificada alguma desconformidade com as regras de proteção de dados, o titular possa requerer a anonimização de seus dados. Esse processo se relaciona diretamente com a ideia de término de tratamento dos dados, que determina que os dados só poderão ser conservados após o fim do tratamento nas hipóteses legais do art. 16, o que inclui o uso exclusivo do controlador dos dados, desde que anonimizados os dados.

Dessa forma, o controlador poderá armazenar os dados após a requisição de eliminação, desde que esses dados estejam anonimizados e não seja realizado nenhum tratamento que permita a identificação do titular. Como exemplo, no sistema de publicidade, dados anonimizados poderão ser utilizados para verificação de efetividade de determinada campanha, mas não para outro direcionamento de anúncio. Isso comprova que o direito de eliminação não é absoluto, encontrando exceções na própria legislação.³¹⁷ Caso essa regressão seja realizada, o titular poderá se opor totalmente ao tratamento.

4.4 Direito de oposição

O direito de oposição é previsto no art. 18, §2º da LGPD que expõe que "o titular pode opor-se a tratamento realizado com fundamento em uma das hipóteses de dispensa de consentimento, em caso de descumprimento" da própria LGPD. Esse artigo deixa clara a preocupação legislativa em combater os tratamentos em desacordo com a legislação, de tal forma que o próprio titular possa agir diretamente e rapidamente contra qualquer tratamento que considere ilegal, inclusive quando considerar que o teste de proporcionalidade do legítimo interesse é negativo para os seus direitos e liberdades fundamentais.³¹⁸

Caso o titular se oponha ao processamento, cabe ao agente de tratamento comprovar a necessidade e legalidade da continuidade daquela atividade, comprovando que o interesse da empresa se sobrepõe aos interesses, direitos e liberdades fundamentais do indivíduo. Compreende-se que esse direito de oposição encontra vários limites, inclusive o próprio interesse da organização, mas ele é absoluto em algumas situações, inclusive no *marketing* direcionado.³¹⁹

---

[316] SCHREURS *et al.*, 2008.
[317] CIPL – CENTRE FOR INFORMATION POLICY LEADERSHIP, 2020.
[318] Ibid.
[319] PRIVACY INTERNATIONAL, 2020.

Esse caráter absoluto também fica claro no Considerando 70 do RGPD, que tem a seguinte redação:

> Sempre que os dados pessoais forem objeto de tratamento para efeitos de comercialização direta, o titular deverá ter o direito de se opor, em qualquer momento e gratuitamente, a tal tratamento, incluindo a definição de perfis na medida em que esteja relacionada com a referida comercialização, quer se trate do tratamento inicial quer do tratamento posterior. Esse direito deverá ser explicitamente levado à atenção do titular e apresentado de modo claro e distinto de quaisquer outras informações.

Ou seja, o titular deve ser informado explicitamente sobre o direito de se opor a qualquer momento ao tratamento de seus dados para fins de *marketing* direcionado. Pelos riscos e efeitos da criação de perfis e direcionamento de conteúdo, entende-se que essa máxima também deve ser adotada como boa prática no sistema brasileiro.

O caráter absoluto do direito no mercado de anúncios publicitários foi popularizado pelo termo *opt-out*. Ele é compreendido como a possibilidade de se descadastrar do recebimento de qualquer anúncio direcionado – fato muito comum em e-mails de marketing -, ou, ainda, como possibilidade de não ter seus dados comportamentais registrados por mecanismos de rastreamento não essenciais, como *cookies* de terceiros. O *opt-out* é bastante relevante então, inclusive em casos em que o *marketing* é baseado no legítimo interesse ou quando compreendido que o *opt-in* caracterizou o consentimento. Nesses dois cenários o *opt-out by default* é a prática mais recomendada, sendo necessário que o titular tenha uma ação para possibilitar o tratamento de dados para fins publicitários.

Um caso bastante ilustrativo sobre toda essa relação do *opt-out* foi julgado pelo ICO e envolvia a empresa Virgin Media Limited. A organização foi multada pela autoridade após continuar com o envio de e-mails marketing, considerado marketing direto, mesmo para titulares que já tinham *opted out* das comunicações de marketing daquela empresa.[320]

Outro ponto interessante sobre o direito de oposição nas relações com disponibilização de anúncios direcionados é o fato de que vários

---

[320] ICO. Monetary penalty notice. Disponível em: https://ico.org.uk/media/action-weve-taken/mpns/4019153/virgin-media-limited-monetary-penalty-notice.pdf. Acesso em: 18 jul. 2022.

modelos de negócio não oferecem a opção de não existir anúncios direcionados. Para eliminar as propagandas, o usuário pode pagar por um sistema *premium* em que os anúncios entre conteúdos são mitigados ou pode, no máximo, escolher não receber mais determinados anúncios.

No primeiro caso, a existência de anúncios passa a ser um desincentivo para o consumo do modelo grátis da plataforma, seguindo a lógica de que, em modelos gratuitos para o usuário, o lucro da empresa vem da veiculação de publicidade. Já no segundo caso, apesar de fornecer tal possibilidade de escolha de quais anúncios não serão recebidos, a plataforma ainda decide o que vai efetivamente ser mostrado para o usuário – o que deixa claro que empresas não dizem tudo o que sabem sobre os usuários, sendo prática totalmente contrária à ideia de autodeterminação informativa.[321] Por isso é tão importante que o direito de oposição seja aplicável a todos os tratamentos de dados para fins de direcionamento publicitário, ainda quede forma granular. Ou seja, o titular se oponha à classificação do seu comportamento em determinadas categorias.

4.5 Direito de petição

O direito de petição é estabelecido como um dos meios de tutela para garantia da observância dos demais direitos previstos na LGPD. Ele garante que o titular pode requisitar o exercício dos seus direitos perante a autoridade nacional,[322] caso não seja possível o diálogo com o agente de tratamento. Caso adequado, esse direito também poderá ser exercido perante os organismos de defesa do consumidor.[323]

É essencial que o titular faça, inicialmente, o requerimento de exercício de direito ao agente de tratamento, que deverá adotar providência imediata sobre o exercício ou enviar resposta ao titular comunicando que não é agente de tratamento responsável por aquele tratamento – indicando, sempre que possível, o agente – ou, ainda, indicar as razões de fato ou de direito que impedem a adoção da medida requerida.[324] Caso nenhuma dessas providências sejam tomadas, o titular poderá reclamar perante a ANPD ou órgãos de defesa do consumidor.

---

[321] SUMPTER, 2019.
[322] Art. 18, §1º da LGPD.
[323] Art. 18, §8º da LGPD.
[324] Art. 18, §4º da LGPD.

Esse esquema de necessidade de tentativa prévia de diálogo com o agente de tratamento foi trazido pela própria ANPD, que apresenta o seguinte fluxo da petição:³²⁵

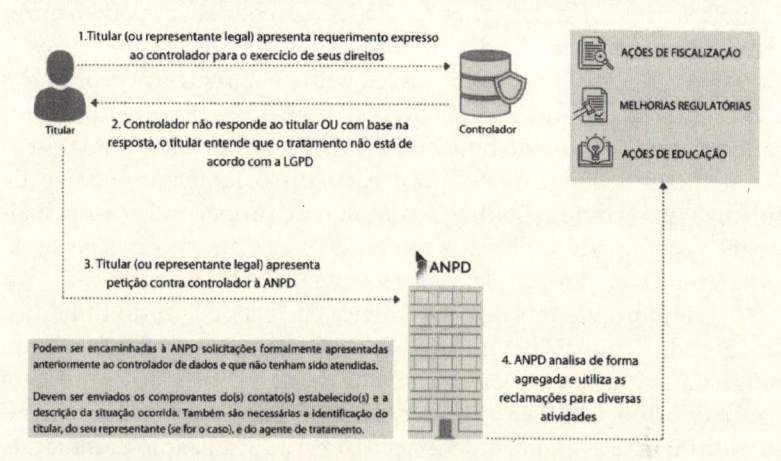

FIGURA 11 – Fluxo de petição do titular (ANPD, 2021).

O direito de petição é uma forma adicional de garantia de observância dos direitos do titular, tendo em vista a possibilidade de reclamação perante autoridades competentes. Mas, o direito de petição não se esgota na esfera administrativa, uma vez que "a defesa dos interesses e dos direitos dos titulares de dados poderá ser exercida em juízo, individual ou coletivamente, na forma do disposto na legislação pertinente, acerca dos instrumentos de tutela individual e coletiva".³²⁶

O mercado brasileiro de publicidade é marcado pelo apoio nas previsões consumeristas de proteção ao usuário e pela existência de um cenário regulatório misto. Considerando a vulnerabilidade do consumidor e titular de dados pessoais, a possibilidade de exercer seus direitos e indenizar seus danos através de tutelas coletivas é fator que permite resultados e requisições mais assertivas e com maior chance de concretização. A tutela coletiva pode se dar desde a requisição de exercício do titular até em ações coletivas, permitindo um acesso assistido por especialistas e maiores recursos para construção de defesas de interesses.³²⁷

---

[325] Disponível em: https://www.gov.br/anpd/pt-br/canais_atendimento/cidadao-titular-de-dados/peticao-de-titular-contra-controlador-de-dados. Acesso em: 6 abr. 2022.
[326] Art. 22, da LGPD.
[327] FILHO; CASTRO, 2019.; RODOTÀ, 2008.

Essas formas de petição reforçam a ideia de necessidade de empoderamento do titular, tendo em vista a possibilidade de indenização a partir da comprovação de más práticas por parte do agente de tratamento. Contudo, ressalta-se que entidades representativas podem trazer várias respostas para não discriminações em métodos publicitários.

Em relação ao *marketing* direcionado, a indenização por danos pode ser dada por um tratamento discriminatório ou prejudicial aos dados do titular, quando houver a concretização de algum dos riscos apresentados ao longo da pesquisa. Além disso, também é passível de indenização o envio repetitivo e contínuo de propagandas, principalmente após o pedido de oposição ou de cancelamento por parte do titular, uma vez que o titular tem seu sossego perturbado.[328]

É importante ressaltar a diferença entre a petição do titular e o processo de denúncia perante a ANPD. É justamente a petição relacionada a uma situação específica afetando diretamente o titular que gera algum tipo de ação direta ao titular, como o cumprimento do direito requerido ou uma eventual indenização com a judicialização da situação. A denúncia, como uma comunicação endereçada à ANPD em relação ao descumprimento da LGPD por parte de um controlador, mas não necessariamente relacionada a uma situação específica, diz respeito à ideia de direito coletivo à proteção de dados pessoais. A denúncia é uma forma de apontar comportamentos reiterados de não observância à LGPD e é essencial para o estabelecimento da cultura brasileira de proteção de dados pessoais, sendo instrumento crucial para grupos de representação de direitos difusos ou coletivos.

Diante disso, a partir de todo o exposto sobre os direitos do titular, compreende-se que o seguinte procedimento traduz o que é definido pela LGPD e está de acordo com o que já foi estabelecido pela ANPD.

---

[328] BASAN, 2021.

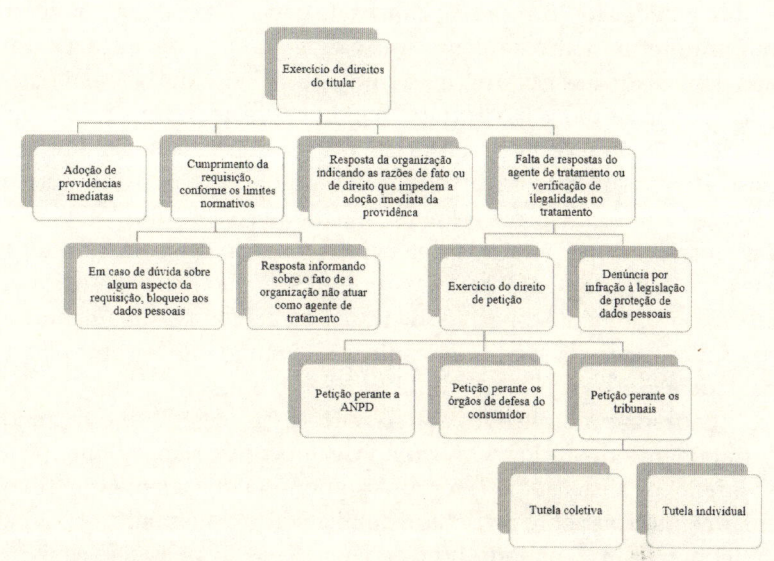

FIGURA 12 – Organograma do exercício de direitos do titular. Elaborado pela autora.

4.6 Obrigações dos agentes de tratamento

Ao longo da pesquisa, foi demonstrado o contexto regulatório imposto pela LGPD ao sistema de publicidade direcionada baseada no tratamento de dados pessoais. Com isso, foram abordadas diversas obrigações para os agentes de tratamento envolvidos em tais processamentos. Esse tópico busca sumarizar as principais obrigações impostas pela LGPD aos agentes de tratamento de publicidade comportamental (*behavioural marketing*).

Como abordado, uma das obrigações dos agentes de tratamento é definir a base legal aplicável para cada tratamento de dados. Essa indicação deverá ocorrer através do registro de operações de tratamento de dados,[329] que facilitará o dever de informação ao titular ou à autoridade competente, além de ajudar na procedimentalização das respostas às requisições de direitos do titular.[330]

Importante considerar que esse sistema de criação de mídias publicitárias acaba dependendo de diversas subcontratações, de agências

---

[329] Art. 37, da LGPD
[330] CEDIS-IDP; CIPL – CENTRE FOR INFORMATION POLICY LEADERSHIP, 2021.

de publicidade até a compra de bancos de dados. Isso acaba por gerar uma arquitetura extremamente complexa, que não deve trazer um ônus demasiado aos titulares no sentido de os indivíduos serem obrigados a analisar todas os contratos e políticas relacionados referentes a esse relacionamento.[331] Dessa forma, o agente de tratamento deve ter registrado com quem compartilha os dados do titular, para informar o indivíduo sobre esse processamento e para que o consumidor, possa, dessa forma, se opor a tal transferência. Por isso, o controlador que se baseia no consentimento para determinada finalidade, é obrigado a obter o consentimento específico do titular para o compartilhamento de seus dados e é direito do titular conhecer a identidade do controlador dos dados.[332]

Outra importante obrigação do titular é a de garantir o término do tratamento de dados. O término deve ocorrer sempre que: (i) a finalidade for alcançada; (ii) terminar o período de tratamento; (iii) o titular comunicar sobre a vontade de finalizar o tratamento; ou (iv) a ANPD determinar, quando houver violação às disposições legais.[333] Considerando que o envio de anúncios é uma atividade contínua, é muito improvável determinar o período de tratamento.

Por isso, no setor publicitário, ganha força a ideia de que o tratamento deve ser finalizado quando a finalidade for alcançada. Isso se enquadra em casos de campanhas determinadas. Com o encerramento de determinada campanha publicitária, deve ser finalizado o tratamento de dados utilizados para esse fim. Exemplo seria a necessidade de uma agência de marketing (operadora de dados) finalizar o tratamento dos dados dos titulares alvo de campanha direcionada contratada por determinada empresa (controladora de dados), após a realização dessa campanha.

Mas a hipótese mais utilizada no mercado publicitário direcionado é a necessidade de finalizar o tratamento de dados quando o titular comunicar sobre seu desejo de não ter seus dados mais processados. Essa possibilidade é estritamente relacionada com o direito de cancelamento e de revogação do consentimento. O texto legal faz menção à necessidade de resguardar o interesse público, contudo, deve-se considerar que é de difícil caracterização o interesse público no envio

---

[331] ZUBOFF, 2019.
[332] O Considerando nº 42 do RGPD traz a seguinte previsão "para que o consentimento seja dado com conhecimento de causa, o titular dos dados deverá conhecer, pelo menos, a identidade do responsável pelo tratamento e as finalidades a que o tratamento se destina.".
[333] Art. 15, da LGPD.

de anúncios publicitários, que recaem mais no interesse empresarial de propagar seus produtos.

A possibilidade de o titular manifestar seu interesse para que determinado tratamento de dados seja realizado é bem visualizado da figura do *opt-out* existente em vários anúncios publicitários - como mencionado no direito de oposição. Então, é dever do agente de tratamento sempre oferecer opção – ainda que limitada – de oposição ao tratamento de dados pessoais para fins publicitários. A partir da oposição, deve terminar o tratamento daqueles dados.

Com o fim do tratamento dos dados pessoais, o agente deverá eliminar os dados pessoais, considerando os limites técnicos das atividades. A conservação só é possível para: (i) o cumprimento de obrigação legal ou regulatória; (ii) para garantir a continuidade de estudo por órgão de pesquisa, garantida, sempre que possível, a anonimização dos dados pessoais; (iii) possibilitar a transferência a terceiro, desde que respeitados os requisitos da legislação; ou (iv) uso exclusivo do controlador, sem acesso por terceiros, e desde que anonimizados os dados.

Essa obrigação, estabelecida no art. 16, da LGPD, deixa claro que os operadores de dados deverão finalizar o tratamento de dados ao fim do contrato com o controlador ou no encerramento da campanha publicitária. Com o fim do tratamento, os operadores não poderão manter armazenados os dados pessoais, ainda que anonimizados – tendo em vista que essa prerrogativa é exclusiva dos controladores de dados.[334] Após o término do tratamento, os operadores poderão unicamente enviar os dados para o controlador para que ele possa armazená-los de forma anonimizada (para fins de controle de estatísticas ou de controle de efetividade do anúncio, por exemplo).

Essa transferência do operador para o controlador só deve ocorrer quando o tratamento for baseado no legítimo interesse do controlador ou quando houver um pedido de exercício do direito de portabilidade por parte do titular.

A previsão sobre a eliminação dos dados é trazida na regulação brasileira como dever do agente de tratamento ao passo que a norma europeia traz essa previsão como um direito do titular – o direito de

---

[334] FRAZÃO, 2018e.

apagamento de dados ou o direito de ser esquecido[335] –, por isso, essa obrigação deve ser interpretada em consonância com o direito do titular de cancelamento e o direito de oposição.

---

[335] Art. 17 (1), do RGPD: O titular tem o direito de obter do responsável pelo tratamento o apagamento dos seus dados pessoais, sem demora injustificada, e este tem a obrigação de apagar os dados pessoais, sem demora injustificada.

CAPÍTULO 5

SITUAÇÕES ESPECÍFICAS

Ao longo dos capítulos anteriores, buscou-se abordar as regras e consequências gerais do tratamento de dados pessoais para fins publicitários. Contudo, a própria LGPD e outras normas aplicáveis levantam situações específicas que serão brevemente abordadas nesse capítulo, com o intuito de se verificar as bases legais aplicáveis e os limites dos tratamentos de dados para fins publicitários em cada um dos cenários excepcionais. Esse é um desenvolvimento não exaustivo, criando uma agenda regulatória e de pesquisa sobre o tema.

5.1 Utilização de dados sensíveis para fins publicitários

Os dados pessoais sensíveis ocupam uma categoria especial de proteção perante a LGPD considerando os riscos discriminatórios advindos do tratamento dessas informações. O alto potencial discriminatório ganha maior relevância em mercados de predições estatísticas – logo, o mercado de publicidade direcionada *online*.[336]

Eles são caracterizados na LGPD como "dado pessoal sobre origem racial ou étnica, convicção religiosa, opinião política, filiação a sindicato ou a organização de caráter religioso, filosófico ou político,

---

[336] FRAZÃO, A. Nova LGPD: o tratamento dos dados pessoais sensíveis. *Jota*, 2018b. ; LINDOSO, M. C. B. *Discriminação de Gênero no Tratamento Automatizado de Dados Pessoais*: como a automatização incorpora vieses de gênero e perpetua a discriminação de mulheres. Rio de Janeiro: Processo, 2021.

dado referente à saúde ou à vida sexual, dado genético ou biométrico",[337] definição bastante semelhante àquela trazida pelo RGPD.[338]

Contudo, o conceito de dado pessoal sensível não deve ser interpretado de forma taxativa, uma vez que o contexto pode fazer com que um dado aparentemente não sensível revele informações com alto potencial discriminatório (ex.: o sobrenome de uma pessoa pode acabar indicando a sua origem étnica). Ainda, o cruzamento de dados não sensíveis também pode gerar dados inferidos sensíveis, desde que revelem informações com alto potencial discriminatório e, portanto, conhecimento que também merece a proteção extensiva trazida para os dados sensíveis. Além disso, outras informações não listadas também podem apresentam grande potencial discriminatório, como o próprio perfil comportamental do titular. Por isso, os dados pessoais não sensíveis devem ser avaliados como categoria residual, enquanto os dados sensíveis são a regra.[339]

Dessa forma, é necessário reforçar que práticas de mascaramento de categorizações sensíveis não devem ser adotadas por uma empresa. Como exemplo, determinada organização para afastar as regras de tratamento de dados sensíveis, indica que os titulares que têm seus dados tratados para fins de publicidade direcionada são categorizados a partir das suas preferências de compras, considerando, assim, a sua probabilidade de efetuar compras em determinada data comemorativa. Contudo, a empresa considera datas comemorativas que podem revelar alguma informação sensível – como a celebração do Hanucá pode indicar a religião de determinado titular ou o tratamento de informações sobre compras reiteradas do dia da visibilidade LGBTQIA+ pode revelar a orientação sexual de determinado indivíduo.

Apesar das organizações buscarem formas de categorização que não possibilitem a identificação rápida e direta de informações sensíveis, diversas formas de categorização e criações de perfis permitem a inferência de dados pessoais sensíveis. Por isso, dados inferidos também devem ser considerados na criação de perfis e devem passar por todo o

---

[337] Definição trazida no art. 5º, II, da LGPD.
[338] O RGPD define, em seu art. 9º (1), que "é proibido o tratamento de dados pessoais que revelem a origem racial ou étnica, as opiniões políticas, as convicções religiosas ou filosóficas, ou a filiação sindical, bem como o tratamento de dados genéticos, dados biométricos para identificar uma pessoa de forma inequívoca, dados relativos à saúde ou dados relativos à vida sexual ou orientação sexual de uma pessoa". Esses dados são definidos como dados pessoais de categoria especial, com equivalência à categoria de dados sensíveis da LGPD.
[339] FRAZÃO, 2018f.; LINDOSO, 2021.

processo de adequação à LGPD, conforme será exposto. E, para tanto, é necessário que auditorias – internas e externas – sejam feitas nos fluxos de dados empresariais, para garantir que as inferências obtidas pela criação de perfis comportamentais não apresentem grande potencial discriminatório.

Conceituações são importantes no contexto do tratamento de dados, porquanto as normas de proteção de dados buscam fornecer uma proteção regulatória maior a categoria de dados sensíveis, tendo em vista o potencial discriminatório. A LGPD, para garantir tal segurança adicional, trouxe bases legais diferentes para o tratamento desse tipo de informação. Merece maior atenção as duas bases legais aplicáveis ao tratamento de dados pessoais para fins publicitários: o consentimento para o tratamento de dados pessoais sensíveis deve ser qualificado; e o legítimo interesse não é aplicável ao tratamento dessa categoria de dados.

Então, com o claro afastamento do legítimo interesse para o tratamento de dados sensíveis, a base legal aplicável para o tratamento de dados sensíveis para fins publicitários seria o consentimento qualificado – ou seja, além de todos os requisitos de validade do consentimento "comum", o qualificado ainda deve ser específico e destacado.[340] Para o consentimento ser considerado válido no contexto de criação de perfis comportamentais para direcionamento de anúncios publicitários com base em informações sensíveis, é necessário que o titular seja informado sobre quais categorias ele poderá ser enquadrado e quais tipos de anúncios serão direcionados, justamente para garantir a observância de todos os requisitos de validade.

Além disso, todas as demais obrigações relacionadas ao consentimento devem ser cumpridas, inclusive às relacionadas à gerência do consentimento, podendo o titular realizar o *opt-out* a qualquer momento. Também, considerando os riscos relacionados ao tratamento dessa categoria de informações, é recomendada a elaboração de relatório de impacto à proteção de dados pessoais, indicando as finalidades do tratamento e as salvaguardas adotadas para mitigar os riscos.[341]

---

[340] Art. 11, I, da LGPD.
[341] Art. 38, LGPD.

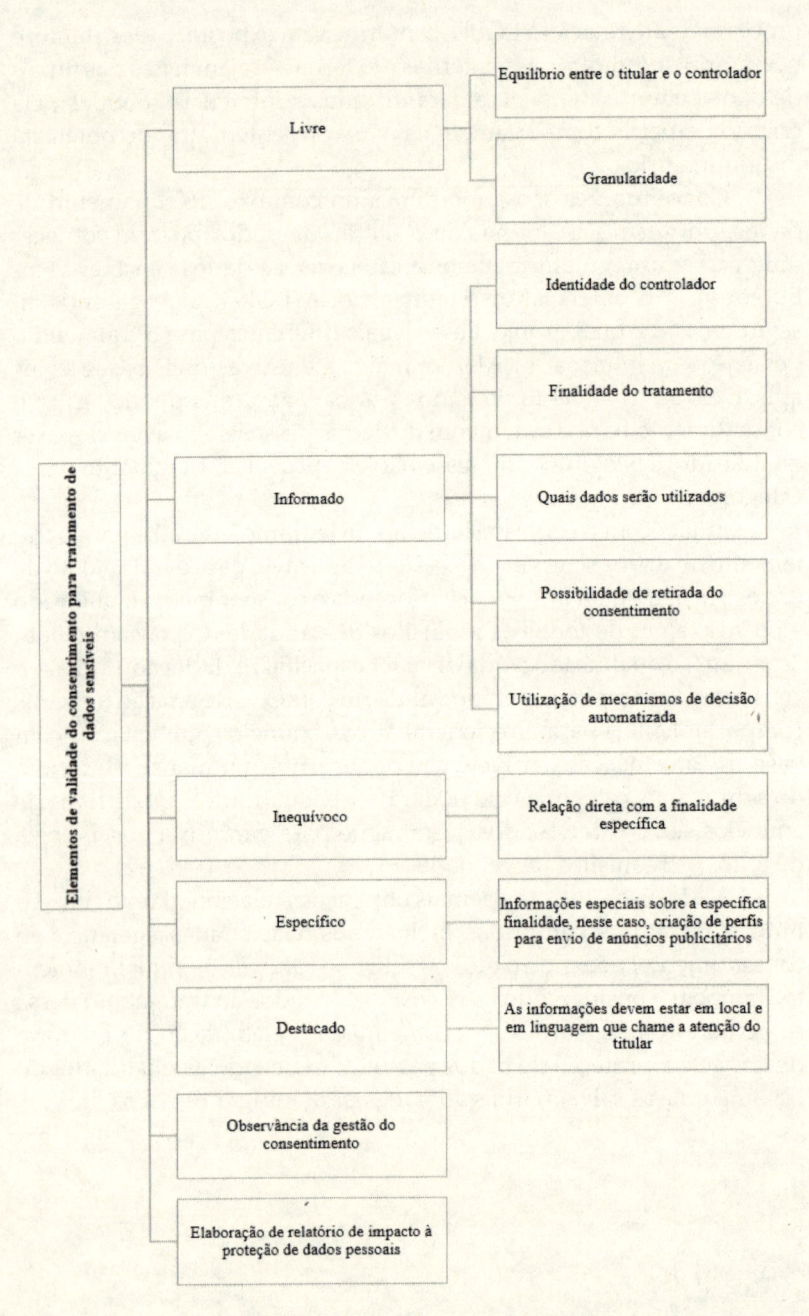

```
Elementos de validade do consentimento para tratamento de dados sensíveis
├── Livre
│   ├── Equilíbrio entre o titular e o controlador
│   └── Granularidade
├── Informado
│   ├── Identidade do controlador
│   ├── Finalidade do tratamento
│   ├── Quais dados serão utilizados
│   ├── Possibilidade de retirada do consentimento
│   └── Utilização de mecanismos de decisão automatizada
├── Inequívoco
│   └── Relação direta com a finalidade específica
├── Específico
│   └── Informações especiais sobre a específica finalidade, nesse caso, criação de perfis para envio de anúncios publicitários
├── Destacado
│   └── As informações devem estar em local e em linguagem que chame a atenção do titular
├── Observância da gestão do consentimento
└── Elaboração de relatório de impacto à proteção de dados pessoais
```

FIGURA 13 – Validade do consentimento para tratamento de dados sensíveis – baseado em (Bioni, 2019; WP, 2018). Elaborada pela autora.

De qualquer forma, não é aconselhável o uso de dados sensíveis para fins publicitários. Como a era do capitalismo de vigilância envolve a exploração de vulnerabilidades, o que é acentuado pelo *neuromarketing*, questiona-se sobre a possibilidade de o marketing direcionado baseado em tratamento de dados sensíveis ainda ter relevância em uma sociedade com a proteção de dados pessoais como direito fundamental. Caracterizar e comprovar al observância do princípio da necessidade nesses casos é bastante difícil, sendo necessário que o agente de tratamento comprove que o tratamento trouxe efeitos positivos ao titular.

Ainda sobre esse ponto, a abertura para o compartilhamento dos dados sensíveis com outros agentes de tratamento para fins publicitários também fica prejudicada, tendo em vista a necessidade de outro consentimento qualificado para tal compartilhamento e a possível excessividade no tratamento dos dados. Ou seja, ainda que dados sensíveis sejam utilizados para fins publicitários, essas informações não devem ser compartilhadas com outros agentes de tratamento.

Nesse sentido, é importante apontar que a ANPD ainda deve criar regulamentação nesse sentido, tendo em vista a previsão legal de que a autoridade pode vedar ou trazer normativas complementares sobre o compartilhamento de dados sensíveis a fim de obtenção de vantagem econômica.[342]

Portanto, para garantir a licitude das atividades de tratamento dentro de uma organização, é importante que exista alto controle de acesso às informações sensíveis. Dessa forma, recomenda-se que a área ou organização responsável pelas atividades de marketing de determinado controlador de dados não tenha acesso aos dados sensíveis coletados para outras finalidades, salvo consentimento expresso do titular. Para tanto, é essencial o papel das auditorias, internas e externas, para garantir que perfis comportamentais criados a partir do tratamento de dados tampouco revelem informações sensíveis sobre os titulares.

5.2 Publicidade direcionada para crianças e adolescentes

Garantir a proteção dos dados pessoais é mais complexo quando os dados tratados são de titularidade de crianças e adolescentes. Devido à situação de vulnerabilidade desse grupo, os riscos dos tratamentos são

---

[342] FRAZÃO, A. *Nova LGPD*: demais direitos previstos no art. 18. [S. l.], 2018b. Disponível em: https://www.jota.info/opiniao-e-analise/colunas/constituicao-empresa-e-mercado/nova-lgpd-demais-direitos-previstos-no-art-18-28112018. Acesso em: 23 mar. 2022.

maiores. Por isso, a LGPD trouxe maior rigidez para as possibilidades de tratamento dos dados pessoais de menores.

A vulnerabilidade de crianças em questões relacionadas a tratamento de dados pessoais é mencionada diversas vezes ao longo do texto do RGPD, com destaque o Considerando 38,[343] que afirma a necessidade de proteção especial às crianças em relação aos seus dados pessoais, tendo em vista a falta de consciência do grupo sobre os riscos oriundos de tratamento de dados. Esse tópico destaca os riscos existentes no tratamento de dados de crianças para efeitos de comercialização e criação de perfis, principalmente nas situações de serviços disponibilizados diretamente às crianças.

Na regulação brasileira, a Seção III do Capítulo II da LGPD dispõe as regras para o tratamento de Dados Pessoais de Crianças e de Adolescentes. Essas previsões específicas são justificadas pela vulnerabilidade desse grupo, que, apesar dessa condição, possui acesso à Internet, meio que possibilita infinitas utilizações dos dados pessoais.[344] É certo que essa norma deve ser interpretada de acordo com outros institutos jurídicos aplicáveis, a fim de que todos os direitos fundamentais dos menores sejam respeitados. Nesse sentido, destaca-se o art. 17 do Estatuto da Criança e Adolescente (ECA), que dispõe sobre o direito à privacidade do menor.[345]

Ressalta-se que a LGPD não traz definições sobre o conceito de criança e adolescente, portanto, devem ser consideradas as trazidas pelo ECA que, em seu art. 2º, define como criança o indivíduo de até 12 anos de idade incompletos. Adolescente seria, então, aquele com doze a dezoito anos de idade.[346] Portanto, a publicidade infantil, prática mais regulada, é aquela direcionada ao público de até 12 anos.

---

[343] Considerando (38): As crianças merecem proteção especial quanto aos seus dados pessoais, uma vez que podem estar menos cientes dos riscos, consequências e garantias em questão e dos seus direitos relacionados com o tratamento dos dados pessoais. Essa proteção específica deverá aplicar-se, nomeadamente, à utilização de dados pessoais de crianças para efeitos de comercialização ou de criação de perfis de personalidade ou de utilizador, bem como à recolha de dados pessoais em relação às crianças aquando da utilização de serviços disponibilizados diretamente às crianças. O consentimento do titular das responsabilidades parentais não deverá ser necessário no contexto de serviços preventivos ou de aconselhamento oferecidos diretamente a uma criança.

[344] TEIXEIRA, A. C.; RETTORE, A. C. A autoridade parental e o tratamento de dados pessoais de crianças e adolescentes. In: FRAZÃO, A.; TEPEDINO, G.; OLIVA, M. (Org.). *Lei Geral de Proteção de Dados Pessoais e suas repercussões no Direito Brasileiro*. São Paulo: Thomson Reuters Brasil Conteúdo e Tecnologia Ltda., 2019. p. 505-530.

[345] Art. 17, do ECA: "O direito ao respeito consiste na inviolabilidade da integridade física, psíquica e moral da criança e do adolescente, abrangendo a preservação da imagem, da identidade, da autonomia, dos valores, ideias e crenças, dos espaços e objetos pessoais".

[346] Art. 2º, do ECA: Considera-se criança, para os efeitos desta Lei, a pessoa até doze anos de idade incompletos, e adolescente aquela entre doze e dezoito anos de idade.

Essas definições devem, ainda, ser compatibilizadas com os institutos do Código Civil. Esse documento prevê que são absolutamente incapazes os menores de dezesseis anos e relativamente incapazes os maiores de dezesseis e menores de dezoito anos. Isso impõe que os absolutamente incapazes sejam representados por responsável e os relativamente incapazes sejam assistidos na prática de atos judiciais ou extrajudiciais.[347]

Em todos os casos de tratamento de dados que envolvam informações relativas a crianças e adolescentes deverá ser realizado balanceamento com o melhor interesse da criança ou adolescente, de modo que seus direitos fundamentais sejam plenamente garantidos.[348] O melhor interesse, previsto no *caput* do art. 14 da LGPD, tem fundamento na doutrina da prioridade absoluta adotada pelo art. 227 da Constituição Federal.[349] Logo, uma conclusão inicial é a de que dados sensíveis de crianças e adolescentes não devem ser tratados para fins publicitários, incluindo informações sobre o comportamento cognitivo dos indivíduos.

É justamente a observância do princípio do melhor interesse da criança e do adolescente que permite a dissociação do menor de seus responsáveis legais. Na sociedade de informação, essa avaliação perpassa a necessidade de potencializar o exercício dos direitos fundamentais detidos por esse grupo, a fim de garantir seu pleno e sadio desenvolvimento.[350]

Já a prioridade absoluta é o que reafirma a responsabilidade do Estado, das famílias e de toda a sociedade – inclusive empresas – em

---

[347] Art. 3º, do CC: "São absolutamente incapazes de exercer pessoalmente os atos da vida civil os menores de 16 (dezesseis) anos".
Art. 4º, I, do CC: "São incapazes, relativamente a certos atos ou à maneira de os exercer: I – os maiores de dezesseis e menores de dezoito anos".
Art. 1.634, VII, do CC: "Compete a ambos os pais, qualquer que seja a sua situação conjugal, o pleno exercício do poder familiar, que consiste em, quanto aos filhos: [...] VII – representá-los judicial e extrajudicialmente até os 16 (dezesseis) anos, nos atos da vida civil, e assisti-los, após essa idade, nos atos em que forem partes suprindo-lhes o consentimento".

[348] HENRIQUES, I.; PITA, M.; HARTUNG, P. A Proteção de Dados Pessoais de Crianças e Adolescentes. In: DONEDA, D. et al. (Org.). *Tratado de Proteção de Dados Pessoais*. Rio de Janeiro: Forense, 2021. p. 199-226.

[349] Art. 227, da CF: "É dever da família, da sociedade e do Estado assegurar à criança, ao adolescente e ao jovem, com absoluta prioridade, o direito à vida, à saúde, à alimentação, à educação, ao lazer, à profissionalização, à cultura, à dignidade, ao respeito, à liberdade e à convivência familiar e comunitária, além de colocá-los a salvo de toda forma de negligência, discriminação, exploração, violência, crueldade e opressão".

[350] TEIXEIRA; RETTORE, 2019.

garantir que crianças e adolescentes (e jovens[351]) estejam em primeiro lugar na prestação de serviços, na formulação e na execução de políticas e no manejo do orçamento público. Todos os atores da sociedade devem se esforçar para observar e garantir todos os direitos das crianças e adolescentes.[352]

Para garantir que esses critérios sejam observados no mercado de publicidade direcionada à criança e ao adolescente, o Conselho Nacional dos Direitos da Criança e do Adolescente (CONANDA) publicou a Resolução n. 163, de 13 de março de 2014. A norma ressalta a necessidade de atenção às características psicológicas gerais de crianças e adolescentes, grupos ainda em desenvolvimento, não induzindo qualquer sentimento de inferioridade oriundo pela não prática de determinada ação.[353] Além disso, a resolução amplia o conceito de propaganda abusiva, logo ilícita, desde que a publicidade voltada para o público infantil utilize, entre outros, algum dos aspectos listados no artigo 2º da Resolução:

> Art. 2º Considera-se abusiva, em razão da política nacional de atendimento da criança e do adolescente, a prática do direcionamento de publicidade e de comunicação mercadológica à criança, com a intenção de persuadi-la para o consumo de qualquer produto ou serviço e utilizando-se, dentre outros, dos seguintes aspectos:
> I - linguagem infantil, efeitos especiais e excesso de cores;
> II - trilhas sonoras de músicas infantis ou cantadas por vozes de criança;
> III- representação de criança;
> IV - pessoas ou celebridades com apelo ao público infantil;
> V - personagens ou apresentadores infantis;
> VI - desenho animado ou de animação;
> VII - bonecos ou similares;
> VIII - promoção com distribuição de prêmios ou de brindes colecionáveis ou com apelos ao público infantil; e
> IX - promoção com competições ou jogos com apelo ao público infantil.
> (...)
> §2º Considera-se abusiva a publicidade e comunicação mercadológica no interior de creches e das instituições escolares da educação infantil e fundamental, inclusive em seus uniformes escolares ou materiais didáticos.

---

[351] A Emenda Constitucional 65/2010 adicionou os jovens ao rol daqueles protegidos pela prioridade absoluta prevista no art. 227, da CF.
[352] HENRIQUES; PITA; HARTUNG, 2021.
[353] Essas e outras previsões relacionadas aos princípios gerais a serem aplicados à publicidade voltada ao adolescente estão previstos no Artigo 3 da Resolução 163 da CONANDA.

§3º As disposições neste artigo não se aplicam às campanhas de utilidade pública que não configurem estratégia publicitária referente a informações sobre boa alimentação, segurança, educação, saúde, entre outros itens relativos ao melhor desenvolvimento da criança no meio social.

Nesse sentido, o Código de Autorregulamentação do CONAR[354] define que a publicidade para crianças e jovens deve promover a segurança e as boas-maneiras, considerando as características psicológicas[355] gerais dos grupos, abstendo-se de:
(i) Desmerecer valores sociais positivos;
(ii) Qualquer tipo de discriminação;
(iii) Associar crianças e adolescentes a situações incompatíveis com esses grupos;
(iv) Quaisquer tipos de superioridade relacionada ao consumo do produto;
(v) Provocar os menores a criar constrangimentos ou aborrecimentos para garantir o consumo;
(vi) Empregar crianças e adolescentes para trazer tom imperativo ao consumo;
(vii) Camuflar o conteúdo publicitário como jornalístico;
(viii) Diferenciar o produto apresentando informações falsas; e
(ix) Induzir medo ou pressão psicológica ou violência.

Contudo, existem diferenças entre a publicidade infantil e a publicidade voltada para adolescentes, inclusive ao se considerar o diferente nível de autonomia e experiência dos grupos. Nos termos do CDC, é abusiva, logo ilícita, a publicidade que se aproveita da falta de experiência da criança.[356] Tendo em vista o modelo do mercado de *marketing* direcionado, é difícil compreender alguma prática que trate os dados pessoais de uma criança e não explore essa vulnerabilidade de falta de experiência, logo, tratamentos de dados para essa finalidade não devem acontecer. Ainda que o responsável forneça o consentimento para que o menor receba anúncios, esse consentimento não é válido, porquanto não está de acordo com o melhor interesse da criança. Então, o modelo protetivo brasileiro não comporta o tratamento de dados para fins de envio de publicidade para crianças.

Nesse sentido, o Código de Autorregulamentação do CONAR traz vários limites aos anúncios voltados para crianças, proibindo o

---

[354] Artigo 37(1) do Código de Autorregulamentação do CONAR.
[355] Artigo 37(2)c do Código de Autorregulamentação do CONAR.
[356] Art. 37, §2º, do CDC.

envio de mensagens com apelo imperativo diretamente à criança.[357] O Código também impede o *marketing* não sinalizada, subliminar, indireta que empregue crianças ou elementos do universo infantil, então os anúncios só poderão ser veiculados em espaços comerciais.[358] É necessário maior desenvolvimento do tema considerando os diferentes conteúdos produzidos no *marketing* digital, incluindo o *marketing* de conteúdo e de influência.

Existe um vácuo de compreensão de como é possível compatibilizar o tratamento de dados pessoais e a proteção da criança com a possibilidade de envio de propagandas de produtos infantis para adultos interessados em comprar tais itens para menores com que se relacionam, filhos, sobrinhos, afilhados, etc. É muito difícil imaginar que uma empresa consiga compreender esse relacionamento sem o tratamento de dados de crianças – o que não seria permitido.

A publicidade para adolescentes, principalmente para o público maior de 16 anos, segue um sistema um pouco distinto. A partir da leitura do *caput* do art. 14, resta a compreensão de que os dados de adolescentes podem ser tratados, desde que atendam ao melhor interesse do menor. Dessa forma, considerando a sistemática apresentada pela LGPD de necessidade de base legal para possibilitar o tratamento de dados, o processamento de dados de adolescentes pode ser baseado em qualquer uma das bases legais previstas no art. 7º, da LGPD, desde que os riscos desse tratamento sejam compatíveis e o seu melhor interesse seja observado, além da necessidade de observância das demais regras de proteção integral impostas quando há alguma consequência para os adolescentes.[359]

Diferentemente da abertura para o tratamento de dados de adolescentes, o §1º do art. 14 da LGPD prevê a obrigatoriedade de consentimento parental específico e em destaque para o tratamento de dados de crianças. Ou seja, como regra, o tratamento de dados de crianças só poderia ser realizado mediante o consentimento de um

---

[357] Artigo 37, *caput*, do Código de Autorregulamentação do CONAR.
[358] Artigos 37(3) e 27(4) do Código de Autorregulamentação do CONAR.
[359] Sobre esse tema, não há consenso sobre a possibilidade de aplicação do legítimo interesse como base legal para o tratamento de dados de crianças e adolescentes. Para a defesa da não aplicabilidade do legítimo interesse, entende-se, ainda, que os direitos e liberdades fundamentais do menor sempre prevalecerão em face do legítimo interesse do controlador ou de terceiro interessado, aproximando os dados de crianças e adolescentes à categoria de dados sensíveis. Ibid.
Já para o entendimento de que o legítimo interesse é aplicável, entende-se que o teste de proporcionalidade que definirá a legitimidade daquele tratamento a partir do legítimo interesse.

dos pais ou pelo responsável legal. Ressalta-se que o consentimento continuaria válido após o titular completar 12 (doze) anos, integrando, dessa forma, a categoria de adolescente.[360]

Além desses conceitos centrais, a LGPD impõe a obrigação de disponibilizar as informações sobre o tratamento de maneira simples, clara e acessível, considerando as características dos responsáveis legais e também do menor, que deve ser considerado durante esse processo. Nesse sentido, ganha destaque a obrigação de identificar determinado conteúdo como publicitário.[361]

Essas previsões se relacionam com a compreensão horizontal da autoridade parental. Ainda que no âmbito de proteção de dados o enfoque esteja na própria criança e adolescentes como sujeitos ativos, o dever de informação e de consentimento respeitam a doutrina da proteção integral e tentam atingir o melhor interesse do menor.[362] Então todos os agentes envolvidos no mercado de anúncios publicitários para menores devem atuar com vista a proteger as crianças e adolescentes, buscando um equilíbrio entre o empoderamento desses titulares e a proteção regulatória para o grupo vulnerável.[363]

Em resumo, a regra geral é o tratamento de dados de crianças a partir do consentimento parental, mas a própria lei já traz exceções à regra, possibilitando o tratamento a partir de outras bases legais desde que tenha como finalidade o contato com os pais ou responsáveis ou a proteção da criança. Contudo, a partir da compreensão do sistema de publicidade direcionada, dados pessoais de crianças não devem ser tratados para esse fim. Já as informações de adolescentes poderão ser processadas para direcionamento de anúncios, desde que haja alguma base legal para tanto.

Há defensores de que essas bases seriam as mesmas que justificam o tratamento de dados pessoais sensíveis, devido à semelhança entre os requisitos de validade do consentimento para tratamento de dados de menores e de dados sensíveis.[364] Contudo, há também quem entenda que todas as bases legais previstas no art. 7º seriam aplicáveis

---

[360] CENTRE FOR INFORMATION POLICY LEADERSHIP, 2018.

[361] FECI, N.; VERDOODT, V. *Children and digital advertising*: towards a future-proof regulatory framework. [S. l.], 2018. Disponível em: https://www.law.kuleuven.be/citip/blog/children-and-digital-advertising-towards-a-future-proof-regulatory-framework/. Acesso em: 21 mar. 2020.

[362] TEIXEIRA; RETTORE, 2019.

[363] FECI; VERDOODT, 2018.

[364] HENRIQUES; PITA; HARTUNG, 2021.

ao tratamento de dados de menores, desde que o melhor interesse fosse observado.[365] Dessa forma, não há consenso sobre a aplicação do legítimo interesse como base legal para o tratamento de dados pessoais de menores.

Então, resta clara a dificuldade de compreensão do arcabouço regulatório sobre o tema, ainda mais ao se considerar que, no caso do mercado publicitário, ainda existem outras regulações setoriais impostas às publicidades voltadas para o público infanto-juvenil. Tendo em vista essa dificuldade, o CONAR desenvolveu, a partir de uma parceria com o Google, e com a participação do Ministério Público do Estado de São Paulo, um Guia de Boas Práticas para publicidade online voltada ao público infantil.

O documento deixa claro que a publicidade online voltada para o público infantil deve seguir a LGPD e que o consentimento parental é indispensável para o tratamento de dados pessoais de crianças para fins de *marketing*; logo, a única base legal aplicável para essa finalidade é o próprio consentimento dos pais ou responsáveis,[366] mas defende-se que não deve ser mantido um perfil individualizado das crianças para direcionamento individualizado. Contudo, ainda existe a lacuna de utilização de outras bases legais para o tratamento de dados de adolescentes. Para esse estudo, entende-se que a requisição de consentimento de autoridade parental prévio deve ser obrigação para o tratamento de dados pessoais para fins publicitários para todos os titulares menores de 16 (dezesseis) anos, considerando as outras regulações aplicáveis.

Além disso, também é destacada a necessidade de sempre informar o público de que o conteúdo é publicitário, a autoridade parental é incentivada a monitorar o conteúdo consumido pelos menores e as outras regulações aplicáveis devem ser observadas.[367] Nesse sentido, destaca-se que a publicidade *online* voltada para o público infanto-juvenil deve seguir o Código Brasileiro de Autorregulamentação Publicitária, principalmente as boas práticas destacadas no art. 37 do documento. Dessa forma, será possível impedir o banimento dessa forma de anúncios, mas garantirá a proteção desse grupo vulnerável.[368]

---

[365] FERNANDES, E. R. *Crianças e adolescentes na LGPD*: bases legais aplicáveis. [S. l.], 2020.
[366] CONAR; GOOGLE. *Guia de Boas Práticas para a Publicidade Online Voltada ao Público Infantil*. 2021.
[367] Ibid.
[368] CONAR. *As Normas Éticas e a Ação do CONAR na Publicidade de Produtos e Serviços destinados a crianças*. 2015.

Ainda, o CONAR deverá continuar agindo de forma a garantir a observância das previsões de autorregulação e outras normas aplicáveis, inclusive a LGPD no contexto de marketing direcionado, a fim de coibir qualquer prática abusiva de publicidade *online* voltada para crianças e adolescentes. Isso porque, conforme demonstrado, a publicidade direcionada pode ter efeitos negativos ao público-alvo, principalmente os vulneráveis, de forma de que deve ser criado um ambiente que proteja os menores.

5.3 A utilização de dados públicos para fins publicitários

Uma das principais fontes de dados para fins publicitários são as informações disponibilizadas em sites e redes sociais. Quando essa coleta é feita por meios automatizados, essa prática é conhecida como *scraping* e sinônimos, mas esse método também pode ser feito por pessoas, naturais ou jurídicas. Após coletados, esses dados passam por um processo de cruzamento de informações que permite, também, a criação de perfis dos titulares, virando insumo para todas as práticas de publicidade direcionada aqui mencionadas.[369]

É importante ressaltar que esses dados estão disponíveis na internet. Portanto, caem na classificação de dados acessíveis. Os dados acessíveis podem ser dados pessoais cujo acesso é público[370] ou podem estar públicos manifestamente pela vontade do titular.[371]

Os primeiros são caracterizados como aqueles disponibilizados em plataformas de órgãos públicos para garantir o dever de transparência do Setor Público. Exemplo seria o salário de funcionários públicos disponibilizados no portal da transparência ou ainda informações obtidas pela LAI. A própria LGPD prevê que o tratamento desses dados deve estar de acordo com a finalidade, boa-fé e o interesse público que embasou a sua disponibilização. Diante disso, como a publicidade direcionada não se relaciona com nenhuma atividade do Poder Público, entende-se que esses dados não podem ser utilizados para essa finalidade.

Já a segunda categoria, de dados manifestamente públicos, segue outra interpretação. Essa categoria é composta pelos dados que se tornam acessíveis ao público por meio de uma atividade direta

---

[369] CAMPBELL, F. *Data Scraping*: Considering the Privacy Issues. [S. l.], 2019.
[370] Art. 7º, §3º da LGPD.
[371] Art. 7º, 4º da LGPD.

do titular. Exemplo seriam as fotos, *likes,* comentários, postagens, seguidores, entre outras informações de uma página aberta em determinada rede social.

A LGPD reforma que é dispensada a exigência do consentimento para o tratamento de dados tornados manifestamente públicos pelo titular, desde que resguardados os direitos do titular e os princípios previstos na LGPD. Isso demonstra que, de qualquer forma, os direitos e princípios da LGPD deverão ser observados durante o tratamento dessas informações, o que já impõe diversos limites aos possíveis tratamentos.

Em seguida, a norma brasileira ainda dispõe que o tratamento desses dados para finalidades secundárias poderá ser realizado desde que observados os propósitos legítimos e específicos para o novo tratamento.[372] Isso, combinado com a previsão de dispensa do consentimento, nos leva a compreensão de que o tratamento de dados manifestamente públicos será baseado no legítimo interesse, o que está de acordo com as práticas de publicidade direcionada, mas requer o cumprimento de vários requisitos de validade, inclusive o teste de proporcionalidade.[373]

Para tratamentos de dados manifestamente públicos para fins publicitários temos o conflito de vários direitos: direito à privacidade, direito ao livre mercado. Esses aspectos devem ser considerados no teste de proporcionalidade necessário.

No Brasil, existe maior jurisprudência sobre o conflito perante o direito à privacidade e o direito à liberdade de expressão ou liberdade de imprensa. Contudo, a utilização de dados para produção e análise de campanhas publicitários não encontra proteção na ideia de liberdade de expressão, mas no direito ao livre mercado. Dessa forma, a discussão sai da ideia do interesse público que perpassa a liberdade de imprensa e entra em âmbito privado com impacto social, voltado para as atividades empresariais.

O uso de informações manifestamente públicas deve ser limitado, considerando as possíveis consequências negativas aos titulares. Por isso, Gabriel Borges entende que fotos divulgadas em modo público na internet não podem ser compartilhadas pela imprensa, uma vez que o

---

[372] Art. 7º, §7º da LGPD.
[373] PIERI, J. E. de V.; BASTOS, R. A. C.; SCHVARTZMAN, F. *Dados pessoais "públicos" são, de fato, públicos?* [S. l.], 2019.

conceito de privacidade perpassa a ideia de controle sobre suas próprias informações e o direito de não ser monitorado. Logo, o tratamento por empresas terceiras tiraria esse controle. Essa ideia está atrelada tanto à proteção da imagem quanto à própria proteção aos dados pessoais.[374]

Nesse mesmo sentido, compreende-se que dados tornados manifestamente públicos por outras pessoas que não o titular não estão abrangidos pela compreensão das possibilidades de tratamento aqui abarcadas. Por isso, esse tratamento deve ser muito limitado.

Além disso, existe prática muito comum para ações de publicidade que é monitorar proativamente o que vem sendo dito sobre uma marca na internet, o que garante informações mais precisas do que estudos de mercado tradicionais. A partir de mapeamento das interações online com determinada marca é possível identificar *leads*, ou seja, angariar o contato de possíveis consumidores, e identificar o comportamento dos *prospects*, que são consumidores em potencial.[375] Essa prática é mais invasiva quando o mapeamento inclui conversas e interações privadas.

Contudo, os limites não são tão claros quando as interações e opiniões são divulgadas abertamente, através de perfis abertos, *hashtags*, comentários na própria página da marca etc. Por isso, ao determinar que a finalidade desse tratamento é avaliar o desempenho de uma marca, acredita-se que a melhor prática é a anonimização desses dados, tendo em vista o exposto sobre o direito de anonimização.

Entretanto, caso esse monitoramento pretenda melhorar o contato e a experiência de um cliente com relacionamento prévio com a marca,[376] esse tratamento deve ser compreendido como *marketing* direto, caindo nas regras gerais desse tipo de processamento. Além disso, apesar de serem dados tornados públicos, o tratamento deve ter alguma base legal e, por todo o exposto nessa pesquisa, entende-se que a base mais adequada seria o legítimo interesse.

---

[374] BORGES, G. O. de A. Liberdade de Imprensa e os Direitos à Imagem, à Intimidade e à Privacidade na Divulgação de Fotos Postadas em Modo Público nas Redes Sociais. In: MARTINS, G. M.; LONGHI, J. V. (Org.). *Direito Digital*: Direito Privado e Internet. 2. ed. Indaiatuba, SP: Editora Foco, 2019. p. 55-66.
[375] KOTLER; KARTAJAYA; SETIAWAN, 2017.
[376] LONGO, 2014.

5.4 Compartilhamento com terceiros e uso secundário de dados para fins publicitários

Característica interessante dos tratamentos de dados para fins publicitários se dá pelo fato de que muitas vezes o *marketing* é atividade-meio da empresa controladora dos dados. Por isso, é muito comum o compartilhamento de dados com empresa terceira especializada em marketing, ainda que esses dados tenham sido coletados para outra finalidade primária. Contudo, esse tratamento de dados encontra limites.

Para compreensão desses limites, é necessário avaliar se a fonte de dados também é relevante para conferir a legalidade do compartilhamento com outra empresa. Quando os dados são obtidos a partir do relacionamento direto com o titular e há real expectativa sobre aquele tratamento para fins publicitários, o compartilhamento para possibilitar esse tratamento é razoável – ainda que outras finalidades justifiquem a coleta inicial dessas informações.

Nesse caso, sugere-se a utilização do legítimo interesse como base legal aplicável[377] e que no anúncio veiculado fique claro quem é o responsável pelo anúncio tanto diretamente quanto indiretamente. Essa prática é caracterizada como *marketing* direto, justamente pela existência prévia de relacionamento mantido entre o titular e o controlador de dados; essa situação mitigaria os riscos e consequências da utilização dos dados para fins publicitários – ainda que essa seja uma finalidade secundária – e o compartilhamento desses dados, inclusive pela utilização do legítimo interesse que requer uma análise prévia de riscos do tratamento.[378]

Já o *marketing* indireto e o *targeted advertisement* são caracterizados por um sistema complexo de atores que compartilham informações constantemente para garantir a exibição de anúncios personalizados em diferentes plataformas. Os riscos desse tratamento são altos justamente porque o titular perde o controle de quem detém informações sobre ele, já que não possui relação direta com diversos dos agentes envolvidos. Além disso, nesse sistema podem ser geradas várias informações a partir de inferências conseguidas pelo cruzamento de dados obtidos por diferentes fontes. Por isso, o sistema europeu compreende que, para

---

[377] ARTICLE 29 DATA PROTECTION WORKING PARTY, 2014.; 2017a.
[378] BIONI, 2019.

esse tipo de estratégia de marketing, é necessário o consentimento do titular para o tratamento de dados como finalidade primária.[379]

Ressalta-se que, se o tratamento for baseado no consentimento do titular, é necessário que o titular também aceite, expressamente, a realização do compartilhamento.[380] Sobre esse ponto, importante compreender que o compartilhamento de dados sensíveis entre agentes de tratamento para fins de obtenção de vantagem econômica poderá ser objeto de vedação ou de regulamentação por parte da ANPD. Ou seja, já é necessário o consentimento qualificado do titular para o compartilhamento de seus dados sensíveis, mas essa possibilidade ainda poderá ser vetada.[381]

Independentemente da forma que se dá o tratamento, é uma boa prática que informações sobre com quem os dados serão compartilhados sejam disponibilizadas ao titular previamente – no site em que os dados são coletados ou no início do relacionamento com o controlador. Além dessa boa prática prévia, o titular tem direito de acesso a informações acerca do uso compartilhado de dados pelo controlador e a finalidade, de tal forma que esses tratamentos também são objeto do direito de acesso. Por isso, ainda que no cenário de *marketing* indireto ou *targeted advertisement* é importante que o titular tenha algum ponto de contato com algum agente de tratamento parte dessa rede de atores.

Dessa forma, compreende-se que o compartilhamento de dados e a utilização dessas informações para fins publicitários – ainda que essa seja finalidade secundária da relação com o controlador de dados – é completamente possível e esperada quando o titular mantém relação direta com o controlador, razão pela qual o legítimo interesse é aplicável. Já quando essa relação não existe e diversas informações são inferidas pelo titular, é mais recomendável a utilização de outra base legal – como o consentimento – ou que aquele tratamento seja considerado de alto risco, justamente para aplicação de medidas mitigadores de risco.

5.5 Utilização de dados inferidos para fins publicitários

Os dados utilizados para fins publicitários muitas vezes envolvem dados inferidos, justamente considerando seu protagonismo na

---

[379] Ibid.
[380] FRAZÃO, A. *Nova LGPD*: demais direitos previstos no art. 18. 2018b. Disponível em: https://www.jota.info/opiniao-e-analise/colunas/constituicao-empresa-e-mercado/nova-lgpd-demais-direitos-previstos-no-art-18-28112018. Acesso em: 23 mar. 2022.
[381] FRAZÃO, A. *Nova LGPD*: tratamento dos dados de crianças e adolescentes. 2018g.

formação de perfis comportamentais. Dados inferidos, conforme classificação apresentada pela OCDE,[382] podem ser compreendidos como as informações que surgem de análises de probabilidade, relacionando-se com a criação de perfil comportamental. Para fins desta pesquisa e considerando as principais técnicas de *marketing*, os dados derivados, que são aqueles criados a partir do cruzamento com outros dados, mas sem utilização de critérios de probabilidade, também serão enquadrados como dados inferidos.

A categoria de dados inferidos se difere dos dados fornecidos, ou seja, aqueles coletados a partir de atuação ativa do titular, e dos dados observados – informações compreendidas a partir do mapeamento das atividades do sujeito.[383] Dessa forma, dados inferidos são informações que são obtidas a partir de tratamento das informações e por isso são tão valiosas.

Um exemplo de prática de utilização dados inferidos para fins de *marketing* é o chamado *retargeting* (ou redirecionamento), prática que consiste na utilização de informações anteriores para determinar quais anúncios mostrar para o titular. As informações anteriores podem ser relacionadas a sites visitados, comportamento do indivíduo naquelas páginas, curtidas em redes sociais, entre outras. Esses dados são coletados e combinados para geração de outras informações que permitem o envio de conteúdos publicitários baseados nesses comportamentos anteriores.[384]

Há diversas discussões relacionadas ao uso desses dados e quais os limites do exercício dos direitos do titular e a proteção de tais informações, inclusive pela proteção do segredo comercial e industrial, amplamente respeitado e reforçado pela LGPD. Justamente por esses dados, muitas vezes, serem criados a partir da utilização de sistemas de inteligência artificial protegidos pelos segredos empresariais, há quem argumente que esses dados não poderiam ser dados pessoais. Contudo, pela lógica imposta pela LGPD, entende-se que esses dados devem sim ser considerados como dados pessoais e os direitos do titular são aplicáveis aos tratamentos relacionados a esses dados, em destaque

---

[382] OCDE. *Protecting Privacy in a Data-driven Economy*: Taking Stock of Current Thinking. Paris, 2014.

[383] Ibid.; PONCE, P. P. Direito à portabilidade de dados: entre a proteção de dados e a concorrência. *Revista Direito da Concorrência*, v. 8, n. 1, p. 134-176, 2020. Disponível em: https://revista.cade.gov.br/index.php/revistadefesadaconcorrencia/article/iew/521/26.

Os dados observados ganham destaque no tratamento de dados públicos para fins publicitários.

[384] SUMPTER, 2019, p. 21-22.

o direito de acesso e o direito de retificação, não sendo aplicável, unicamente, o direito à portabilidade.

Por isso, importante a decisão legislativa de trazer que os dados "utilizados para formação do perfil comportamental de determinada pessoa natural" também poderão ser considerados dados pessoais.[385] Essa previsão se encontra no Capítulo da LGPD sobre tratamento de dados sensíveis, portanto, é relevante a interpretação sistemática dessa disposição, principalmente com a disposição de que qualquer tratamento de dados, que revele dados sensíveis e que possa causar danos ao titular, deverá seguir as disposições sobre tratamento de dados sensíveis.[386] Isso demonstra que os dados inferidos também podem ser classificados como dados sensíveis.[387]

Por isso, compreendendo a ideia de privacidade contextual apresentada por Nissembaum,[388] os agentes de tratamento devem estar muito conscientes sobre as consequências dos tratamentos de dados realizados pela organização. Somente assim poderão ter controle sobre as categorias de dados que são criados pelos sistemas algorítmicos utilizados pela organização.

O mais importante não é impedir o tratamento das informações inferidas sobre o titular, mas sim considerar que tais dados – por serem inferências – podem não ser verdadeiros e sua utilização pode apresentar vários riscos, inclusive discriminatórios. Por isso, conclui-se que o tratamento de dados pessoais inferidos é possível e faz parte da economia datificada, desde que ele esteja de acordo com as disposições da LGPD.

Contudo, pelo exposto, não há como se falar que será possível obter o consentimento para o tratamento desses dados, tendo em vista que a verificação se a concordância do titular foi "informada" será limitada, porquanto ele não saberá todas as informações que serão inferidas. Essa ideia vai de encontro ao objetivo principal do consentimento que é garantir o controle do titular sobre seus dados. Ainda que seja amplamente informado sobre os tratamentos, o titular não consegue prever as reais consequências da criação de perfis extremamente detalhados, que podem gerar várias decisões discriminatórias e prejudiciais.

---

[385] Art. 12, §2º, LGPD.
[386] Art. 11, §1º, da LGPD.
[387] FRAZÃO, A. Nova LGPD: tratamento dos dados de crianças e adolescentes. *Jota*, 2018g; PRIVACY INTERNATIONAL. *Rights of Data Subjects*: A Guide for Policy Engagement on Data Protection. Vol. 4, 2020.
[388] NISSENAUM, H. Privacy as contextual integrity (Review). *Washington Law Review*, v. 79, n. 1, p. 119-157, 2004.

Dessa forma, deve-se compreender que o consentimento perpassa por uma análise de expectativas, em semelhança com o legítimo interesse. Nesse mesmo sentido, a complexidade do sistema de publicidade direcionada também impede a verdadeira ciência do titular sobre o fluxo de seus dados.[389] Por isso, para fins de *marketing*, quando forem tratados dados inferidos, esse tratamento deverá ser baseado no legítimo interesse, inclusive para garantir a análise de risco daquela criação de perfil.

Por fim, ressalta-se que, em consonância com o que já foi apresentado, caso os dados inferidos revelem qualquer aspecto sensível do titular, esses não sejam utilizados para fins de publicidade, inclusive pelo alto risco de tais tratamentos.

5.6 Novas tecnologias

A sociedade já se encontra na era pós-digital. O conceito de pós-digital é trabalhado desde o milênio passado por nomes como Russel Davies, mas aproveita-se do trabalho de Walter Longo para traduzir a era pós-digital como o momento atual em que as tecnologias digitais já se consolidaram como parte cotidiana da vida contemporânea. Prova disso é a ubiquidade da tecnologia, o que faz com que a busca por previsões sobre o futuro se imponha perante as empresas.[390]

O autor ainda trabalha a ideia de que menores empresas tendem a se adaptar melhor a novos processos, porque a mudança de uma pequena estrutura é mais fácil. E, considerando que no mundo digital várias pequenas empresas alcançam muitas pessoas e o fator mais relevante é o engajamento, é importante também considerar novos modelos de negócio quando avaliar o futuro.[391] Por isso, considerando que empresas já existentes estão sempre buscando novas formas de se estabelecer no mercado e de gerar lucro e que novos modelos de negócio são criados constantemente, a regulação do marketing digital também deve olhar para o futuro a médio e longo prazo, não trabalhando somente com os modelos já existentes.

Diante do exposto é importante pensar em novas tecnologias e práticas e quais são as respostas para elas, razão pela qual a pesquisa buscará apresentar uma agenda de pesquisa contínua para as novas tecnologias e a publicidade baseada em tratamento de dados pessoais.

---

[389] MENDES; FONSECA, 2021.
[390] LONGO, 2014.
[391] Ibid.

Uma primeira tendência a ser mapeada é a criação e utilização de aplicativos em dispositivos móveis por organizações. Cada vez mais empresas têm desenvolvido seus próprios *apps*, o que permite maior coleta de dados pessoais e uma interação direta com o titular.[392] Outra grande tendência é a combinação do comércio *mobile* com a economia do "agora", isso é possível pela disseminação de celulares e de tecnologias vestíveis, que permitem o tratamento de muitos dados.[393]

Além disso, também é vista a tendência de trazer o *webrooming* para os canais *off-line*. A partir de rastreamento da localização do consumidor dentro de estabelecimentos físicos, as organizações podem oferecer ofertas mais personalizadas. Isso é possível através de uso de tecnologias como *beacons*, NFC e RFID.[394]

Com essas tecnologias que rastreiam a localização dos usuários continuamente, é mais provável que o critério geográfico seja utilizado para práticas contrárias aos interesses do consumidor – como na criação de preços diferenciados a partir da localização do titular (*geo pricing*) quanto o não fornecimento de determinado serviço por conta da informação do titular (*geo blocking*). Por isso, importantes são as decisões como a emitida pelo Departamento de Proteção de Defesa do Consumidor da Secretaria Nacional de Consumo do Ministério da Justiça que caracterizou essas práticas como ilegais.

Nova prática comum é a *gameficação* da publicidade. Com a geração de conteúdos divertidos, viciantes e competitivos, organizações criam atividades que permitem grande coleta de dados a partir da semelhança com jogos. A gamificação é marcada por: definições de ações para estimular os titulares, inclusive com ações para incentivar os clientes a fornecerem os dados pessoais; criar formas de classificação dos clientes, garantindo competitividade; e criar formas de reconhecimento e recompensas, o que garante o engajamento constante.[395]

Sobre isso, são importantes as pesquisas desenvolvidas que consideram algumas práticas relacionadas aos jogos eletrônicos como equivalentes a jogos de sorte. Nesse sentido, destacam-se os trabalhos feitos pela iniciativa Gam(e) (a)ble da Universidade KU Leuven,[396] a iniciativa legislativa belga que declarou que as *loot boxes* em videogames

---

[392] KOTLER; KARTAJAYA; SETIAWAN, 2017.
[393] Ibid.
[394] Ibid.
[395] Ibid.
[396] Informações disponíveis em: https://www.gameable.info/. Acesso em: 5 abr. 2022.

são ilegais.[397] Essa prática foi considerada legal no Reino Unido e nos Estados Unidos, mas já existem iniciativas para buscar a declaração de ilegalidade dessas práticas.[398] O desenvolvimento desse tema no Brasil pode ser interessante considerando a forte regulação para jogos de sorte e para propagandas voltadas para o público infantil.

Nesse sentido, também já vislumbramos a compreensão de novos direitos fundamentais relacionados à proteção dos nossos pensamentos e emoções. Eles podem ser sumarizados como neurodireitos e sua proteção ganha importância com o desenvolvimento de novas tecnologias que permitem a captura de emoções e invadem nosso livre arbítrio para influenciar atitudes futuras. Dessa forma, devemos compreender esses direitos como protegidos inclusive pela ideia de direitos e liberdades fundamentais do titular e os dados coletados sobre nossas emoções também devem ser considerados como informações pessoais nos termos das regras de proteção de dados pessoais.[399]

A partir da observação da dificuldade da coexistência entre a personalização e à privacidade, é importante observarmos se a adoção de *privacy enhancing technologies* (tecnologias de aprimoramento de privacidade – PETs) será considerada uma boa prática essencial para esse desenvolvimento de novas tecnologias. Essas tecnologias são caracterizadas pelo desenvolvimento de produtos que desde o *design* até a utilização são baseados em boas práticas de privacidade e tecnologia, e podem ser a solução para vários dos riscos observados no mercado de publicidade direcionada.[400]

Por fim, é necessário observar novas propostas de limites regulatórios à propaganda direcionada. A União Europeia e os EUA têm se aproximado cada vez mais da proibição de anúncios direcionados

---

[397] GERKEN, T. *Video game loot boxes declared illegal under Belgium gambling laws.* [S. l.], 2018.

[398] Nos EUA, foi proposto um projeto de lei (Bill 1629), em 2019, que buscava regular certas micro transações de pagamento para garantir a vitória em jogos e a venda de *loot boxes* em sistemas interativos. No Reino Unido, novas evidências levaram a recomendação de proibição de venda de *loot boxes* para crianças.
DCMS. *Immersive and addictive technologies inquiry.* Parliament.Uk. 2019. Disponível em: https://www.parliament.uk/business/committees/committees-a-z/commons-select/digital-culture-media-and-sport-committee/inquiries/parliament-2017/immersive-technologies/.

[399] CLIFFORD, D. *The legal limits to the monetisation of online emotions.* 2019. – KU Leuven, [s. l.], 2019. ; FRAZÃO, A. *'Neurocapitalismo' e o negócio de dados cerebrais.* [S. l.], 2019.

[400] CYBERSECURITY, E. U. A. for. *Privacy Enhancing Technologies*: Evolution and State of the Art. [S. l.: s. n.], 2016. Disponível em: file:///Users/isarosal/Downloads/WP2016 3-2 5 Evolution and state of the art of PETs.pdf.

baseados em dados sensíveis.[401] Ademais, a ideia de banimento de conteúdo direcionado já está mais avançada em algumas pesquisas acadêmicas.[402] Devemos aproveitar das pesquisas e das experiências já existentes para influenciarmos os criadores de normas brasileiros.

---

[401] GOUJARD, C. *European Parliament pushes to ban targeted ads based on health, religion or sexual orientation*. [S. l.], 2022.
[402] VÉLIZ, C. *Privacidade é poder*: por que e como você deveria retomar o controle de seus dados. São Paulo: Contracorrente, 2021.

CONCLUSÕES

O tratamento de dados pessoais revolucionou a economia, e seus desdobramentos trazem diversas implicações para a publicidade. O presente trabalho buscou abordar questões iniciais sobre como a proteção de dados pessoais, seus fundamentos e objetivos devem ser considerados pelo mercado de publicidade direcionada. Para tanto, buscou-se compreender como o tratamento de dados possibilita a personalização individualizada de propagandas, o que traz riscos consideráveis para o titular, sob pena de perda de seu pensamento e desenvolvimento individual, a partir de práticas manipulativas, com destaque aos *dark patterns,* e utilização de perfis inaceitáveis.

A manipulação se dá de diversas formas e contextos, explorando vulnerabilidades dos perfis individualizados dos consumidores. Portanto, as organizações utilizam de lacunas legais para continuar com atividades de direcionamento publicitário ainda que contrárias a características princiológicas regulatórias. Desse modo, observa-se um descompasso entre as normas sobre o tema e a realidade do mercado: o marketing direcionado é prática bastante comum entre as organizações, mas sua regulação não é tão desenvolvida – ou a interpretação das normas existentes deve ser atualizada.

Dessa forma, conclui-se que a regulação do tema deve banir práticas manipulativas e deve conceituar quais perfis são inaceitáveis. Para tanto, sugere-se que determinados riscos sejam inaceitáveis, como a caracterização que possibilite inferências sobre informações sensíveis, e que sejam impostas grandes regras de transparência para as organizações que utilizam métodos de marketing direcionado. Qualquer tipo de discriminação baseada em informações sensíveis deve trazer benefícios – comprovados – para o grupo categorizado.

Os riscos relacionados à coleta excessiva de dados pessoais buscando abastecer a economia movida a dados são inúmeros. Desde uma falsa compreensão da sua personalidade, o rompimento eterno de sua privacidade até danos patrimoniais, o titular – agente vulnerável desse sistema – responde por esses riscos tendo até características muito íntimas mapeadas.

A publicidade e o neuromarketing são tópicos já explorados na literatura e em práticas publicitárias, mas pouco se vê da aplicação da LGPD para essas atividades. A LGPD é norma responsável por garantir e reafirmar a segurança e a preocupação com a privacidade e a proteção de dados do titular, figura hipossuficiente inserida no capitalismo de vigilância. A norma tem objetivos que vão ao encontro da ideia de proibição de práticas manipulativas e de imposição de obrigações de transparência e segurança.

Resta claro que passa a ser dever das empresas demonstrar como determinada atividade publicitária é benéfica ao sistema econômico ao mesmo tempo em que preserva a liberdade individual e a autodeterminação informativa. O sistema de proteção de dados deve impor às organizações a necessidade de compartilhar quais dados são utilizados para direcionamento publicitário e quais são as categorias utilizadas para tal personalização.

Os princípios da lei geral brasileira são previsões interessantes para garantir que já sejam cobrados limites às organizações durante a utilização de técnicas de marketing direcionado. O princípio da finalidade é norteador para garantir que a empresa comprove que somente utiliza de técnicas de persuasão lícita, mas não alcança nenhum nível de manipulação nas suas publicidades direcionadas. Em conjunto com o princípio da não discriminação e o da transparência, conclui-se que é necessário passar às organizações a obrigação de comprovar que a personalização utilizada por elas é legítima e discrimina os usuários de forma lícita.

Além disso, foi possível compreender que somente duas bases legais previstas na LGPD demonstram conformidade com a finalidade publicitária de determinados tratamentos: o consentimento e o legítimo interesse. Contudo, essas bases legais são bastante frágeis, porque têm diversos critérios de validade embutidos na sua utilização.

A obtenção do consentimento em situações de personalização parece ser bastante difícil, principalmente ao se considerar o dever de informação sobre em quais categorias o titular se encontra – ou estará submetido. Também é demasiadamente difícil e custoso garantir a granularidade e a gestão do consentimento. Para tanto, ganham destaques novas formas de comunicação que prezam pela compreensão e pela informação do titular, afastando o uso abusivo de alertas de cookies e partindo para um cenário de empoderamento do titular a partir do conhecimento. Além disso, para garantir esses objetivos, é essencial que o titular possa cancelar seu aceite a qualquer momento.

Já o legítimo interesse encontra obstáculos na demonstração de proporcionalidade, principalmente ao considerar que o marketing direcionado explora vulnerabilidades do titular. De qualquer forma, é obrigação do agente de tratamento garantir que esse equilíbrio existe.

Ademais, é muito difícil que nenhum dado sensível seja revelado na criação de perfis, portanto, é dever do agente de tratamento saber exatamente quais dados estão sendo revelados a partir da criação de perfis e que informações sensíveis sejam eliminadas para tratamentos com fins publicitários baseados no legítimo interesse. Como essa base legal não comporta o tratamento de dados sensíveis e a adequação às normas de proteção de dados é processo contínuo, esse acompanhamento é indispensável.

A execução contratual não é base legal adequada para tratamentos de dados pessoais com fins publicitários, inclusive pela sua aproximação ao consentimento nos cenários de marketing direcionado. Logo, os documentos de adequação à LGPD, como termos de uso, devem ser compreendidos como instrumentos informativos e não contratuais.

Ressalta-se que as decisões referentes ao direcionamento de anúncios são decisões empresariais. Ou seja, as empresas que fazem parte do processo de criação e direcionamento de anúncio são responsáveis por garantir o *compliance* com as regras de proteção de dados e publicidade lícita.

Independentemente da base legal escolhida pela organização para justificar sua estratégia de *marketing* direcionado, é imprescindível que as empresas respeitem as obrigações impostas a elas pelo sistema de proteção de dados pessoais. Isso inclui a observância dos direitos do titular, que ganham destaque nesse sistema ao garantir o direito de oposição ao recebimento de anúncios publicitários e direito de acesso às categorias que são utilizadas para a criação dos perfis comportamentais e quais dados são utilizados para tanto. Somente com ampla transparência sobre a forma de classificação do titular é possível garantir que a autodeterminação informativa é cumprida por determinada organização.

Sobre esse tema, é imprescindível que as organizações invistam em formas de comunicação com o titular para informar vários critérios do tratamento. Para tanto, o trabalho propôs alguns modelos desenvolvidos que garantem uma comunicação facilitada com o titular, inclusive propondo um símbolo simples sobre a utilização de dados pessoais para a criação de perfis comportamentais. De qualquer forma, essa comunicação não deverá ser demasiadamente genérica, tampouco exageradamente estrita, garantindo o equilíbrio entre o fluxo de dados e inovações empresariais com o controle do titular sobre seus dados.

O esgotamento da proteção dos titulares não se esgota na LGPD. A personalização de anúncios comerciais também está relacionada com os sistemas de proteção consumerista. Publicidade direcionada a partir do uso de práticas manipulativas para coleta de dados deve ser compreendida como abusiva e, logo, ilícita. Em tais situações, ainda que exista uma base legal adequada para o tratamento, ele não deverá ocorrer sob pena de ilegalidade.

Ao longo do trabalho, é possível perceber como é improvável que as práticas de publicidade direcionada não encontrem nenhum limite legal ou ético. Dessa forma, é imprescindível que sejam revisitadas as práticas já existentes e utilizadas pelas empresas, a fim de determinar quais situações devem ser proibidas *ex ante* e, assim, não devem mais ser adotadas pelas organizações. Para tanto, é essencial que a privacidade contextual seja utilizada como norte para a avaliação de riscos, assim como haja divulgação e conscientização dos riscos relacionados à criação e à exploração de perfis individualizados, o que permite uma progressão do sistema de publicidade em massa para o sistema muito mais arriscado da publicidade direcionada.

Por fim, o trabalho trouxe endereçamentos sobre situações específicas relacionadas ao desenvolvimento do neuromarketing, o tratamento de dados pessoais e a proteção de dados. Nesse sentido, a pesquisa se alinha com o posicionamento de que dados sensíveis, ainda que inferidos, não devem ser utilizados para fins publicitários, principalmente considerando as novas tecnologias que estão surgindo e a maior capacidade de exploração de vulnerabilidades a partir da combinação dessas com essa categoria de dados que já trazem maiores riscos aos titulares.

Portanto, conclui-se que devem existir situações em que o marketing direcionado é proibido de forma *ex ante*, a partir de uma avaliação teórica e da prática dos riscos relacionados, mas também será necessária fiscalização contextual, inclusive para a verificação das inferências percebidas pelas organizações e de qual forma elas estão sendo utilizadas.

Ainda se mostra necessário compreender e definir melhor o papel de cada um dos agentes de tratamento. As plataformas ganham relevância no cenário atual de marketing direcionado, mas atuam nas lacunas legais pela falta de definição e enquadramento dos seus papéis na proteção de dados pessoais e objetivos e fundamentos do tema.

Não é possível exaurir o tema de publicidade direcionada a partir do tratamento de dados pessoais, inclusive pelo rápido desenvolvimento do mercado. Contudo, foi possível apresentar alguns pontos de agenda de pesquisa sobre o tema, além de determinar pontos que já trazem várias respostas para o tópico. Espera-se que tais conclusões sejam consideradas tanto pelos órgãos fiscalizadores quanto pelo sistema de autorregulação que permeia o âmbito publicitário brasileiro.

REFERÊNCIAS

ACEMOGLU, D. *Harms of AI*: NBER Working Paper Series. Cambridge: [s. n.], 2021.

ACESSNOW. *Spotify, don't spy*: global coalition of 180+ musicians and human rights groups take a stand against speech-recognition technology. [S. l.], 2021.

ANDRADE, A. B. O marketing de influência na comunicação publicitária e suas implicações jurídicas. *Internet&Sociedade*, [s. l.], v. 1, n. 2, p. 31-53, 2020.

ARENDT, Hannah. As origens do totalitarismo. In: FRAZÃO, Ana. O negócio das fake news e suas repercussões. *Jota*, 2020.

ARTICLE 29 DATA PROTECTION WORKING PARTY. *Guidelines on Automated individual decision-making and Profiling for the purposes of Regulation 2016/679*. [S. l.: s. n.], 2017a.

ARTICLE 29 DATA PROTECTION WORKING PARTY. *Guidelines on Data Proteciton Impact Assessment (DPIA) and determining whether processing is "likely to result in a high risk" for the purposes of Regulation 2016/679*. [S. l.: s. n.], 2017b.

ARTICLE 29 DATA PROTECTION WORKING PARTY. *Opinion 03/2013 on purpose limitation*. [s. l.], v. 00569/13/E, n. April, p. 1-70, 2013.

ARTICLE 29 DATA PROTECTION WORKING PARTY. *Opinion 06/2014 on the notion of legitimate interests of the data controller under Article 7 of Directive 95/46/EC*. [s. l.], n. April, p. 68, 2014. Disponível em: https://ec.europa.eu/newsroom/article29/news.cfm?item%7B_%7Dtype=1360. Acesso em: 24 fev. 2020.

BARTON, G. Why your Netflix thumbnails don't look like mine. *Vox*. 2018. Disponível em: https://www.vox.com/2018/11/21/18106394/why-your-netflix-thumbnail-coverart-changes. Acesso em: 24 fev. 2020.

BASAN, A. P. *Publicidade digital e proteção de dados pessoais*: direito ao sossego. Indaiatuba, SP: Foco, 2021.

BENNETT, C. *Regulating privacy*: data protection and public policy in Europe and the United States. Ithaca: Cornell Universisty Press, 1992.

BENNETT, C. J.; RAAB, C. D. *Revisiting "The Governance of Privacy"*: Contemporary Policy Instruments in Global Perspective. Revised version forthcoming in "Regulation and Governance", [s. l.], 2018.

BEZERRA, G. M. P. Publicidade e defesa do consumidor no Brasil: histórico, cenário político e disputas sobre a implementação do Código em contraponto à autorregulamentação publicitária no país. *Revista dos Tribunais*, [s. l.], v. 111, n. May, p. 197-218, 2017.

BIONI, B. R. *Proteção de Dados Pessoais*: A Função e os Limites do Consentimento. 2. ed. Rio de Janeiro: Forense, 2019.

BIONI, B. R.; LUCIANO, M. O consentimento como processo: em busca do consentimento válido. In: BIONI, B. R. *et al.* (Org.). Tratado de Proteção de Dados Pessoais. Rio de Janeiro: Gen, 2020. p. 163-175.

BLEIER, A.; GOLDFARB, A.; TUCKER, C. Consumer privacy and the future of data-based innovation and marketing. International Journal of Research in Marketing, [s. l.], v. 37, n. 3, p. 466-480, 2020. Disponível em: https://doi.org/10.1016/j.ijresmar.2020.03.006. Acesso em: 24 fev. 2020.

BOERMAN, J. *Visual Legal Privacy Statements*. [S. l.], 2016.

BORGES, G. O. de A. Liberdade de Imprensa e os Direitos à Imagem, à Intimidade e à Privacidade na Divulgação de Fotos Postadas em Modo Público nas Redes Sociais. In: MARTINS, G. M.; LONGHI, J. V. (Org.). *Direito Digital*: Direito Privado e Internet. 2. ed. Indaiatuba, SP: Foco, 2019. p. 55-66.

BRASIL. Relatório Final da Comissão de Juristas Responsável por Subsidiar Elaboração de Substitutivo sobre Inteligência Artificial no Brasil. 2022.

BRIDGER, D. *Neuromarketing*: como a neurociência aliada ao design pode aumentar o engajamento e a influência sobre os consumidores. São Paulo: Autêntica Business, 2019.

BUIST, E. *Unboxing*: they YouTube phenomenon that lets you see what you're getting. [S. l.], 2014.

CALO, R. Digital Market Manipulation. *Geo. Wash. L. Rev.*, [s. l.], v. 995, p. 996-1050, 2014.

CAMPBELL, F. *Data Scraping*: Considering the Privacy Issues. [S. l.], 2019.

CEDIS-IDP; CIPL - CENTRE FOR INFORMATION POLICY LEADERSHIP. Prioridades das Organizações Públicas e Privadas Implementares de Forma Eficaz a Nova Lei Geral Brasileira de Proteção de Dados (LGPD). Brasília: [s. n.], 2021.

CENTRE FOR INFORMATION POLICY LEADERSHIP. Risk, High Risk, Risk Assessments and Data Protection Impact Assessments under the GDPR. [S. l.: s. n.], 2016.

CENTRE FOR INFORMATION POLICY LEADERSHIP. GDPR Implementation In Respect of Children's Data and Consent. [S. l.: s. n.], 2018. Disponível em: https://ico.org.uk/media/about-the-ico/consultations/2172913/children-and-the-gdpr-consultation-guidance-. Acesso em: 24 fev. 2020.

CENTRE FOR INFORMATION POLICY LEADERSHIP. Data Subject Rights under the GDPR in a Global Data Driven and Connected World. [S. l.: s. n.], 2020. Disponível em: https://www.informationpolicycentre.com/uploads/5/7/1/0/57104281/cipl_comments_on_wp29_data_portability_guid. Acesso em: 24 fev. 2020.

CHAVES, L. F. P.; VIDIGAL, P. *A LGPD revogou tacitamente dispositivos do Marco Civil da Internet*. [S. l.], 2021.

CHINOY, S. What 7 Creepy Patents Reveal About Facebook. *The New York Times*, [s. l.], [s. d.]. Disponível em: https://www.nytimes.com/interactive/2018/06/21/opinion/sunday/facebook-patents-privacy.html. Acesso em: 23 fev. 2020.

CLIFFORD, D. The legal limits to the monetisation of online emotions. 2019. KU Leuven, [s. l.], 2019.

COALIZÃO DIREITOS NA REDE. A nova política de privacidade do WhatsApp e o direito à proteção de dados dos brasileiros. [S. l.], 2021. Disponível em: https://direitosnarede.org.br/2021/05/03/a-nova-politica-de-privacidade-do-whatsapp-e-o-direito-a-protecao-de-dados-dos-brasileiros/. Acesso em: 2 abr. 2022.

CONAR. *As Normas Éticas e a Ação do CONAR na Publicidade de Produtos e Serviços destinados a crianças*. [S. l.: s. n.], 2015.

CONAR; GOOGLE. *Guia de Boas Práticas para a Publicidade Online Voltada ao Público Infantil*. [S. l.: s. n.], 2021.

CÔRREA, Ana Maria. *Regulating targeted advertising*: addressing discrimination with transparency, fairness, and auditing tests remedies. Elsevier Ltd., 2022.

CRAVO, D. C. Portabilidade de Dados: Definições Preliminares. In: CRAVO, D. C.; KESSLER, D. S.; DRESCH, R. de F. V. (Org.). *Direito à portabilidade na Lei Geral de Proteção de Dados*. Indaiatuba, SP: Foco, 2020. p. 1-23.

CYBERSECURITY, E. U. A. for. *Privacy Enhancing Technologies*: Evolution and State of the Art. [S. l.: s. n.], 2016. Disponível em: file:///Users/isarosal/Downloads/WP2016 3-2 5 Evolution and state of the art of PETs.pdf. Acesso em: 24 fev. 2020.

CYPHERS, B. *Google's FLoC Is a Terrible Idea*. [S. l.], 2021. Disponível em: https://www.eff.org/deeplinks/2021/03/googles-floc-terrible-idea. Acesso em: 7 fev. 2020.

DCMS. *Immersive and addictive technologies inquiryParliament.Uk*. [S. l.: s. n.], 2019. Disponível em: https://www.parliament.uk/business/committees/committees-a-z/commons-select/digital-culture-media-and-sport-committee/inquiries/parliament-2017/immersive-technologies/. Acesso em: 24 fev. 2020.

DONEDA, D. *Da privacidade à proteção de dados pessoais*. Rio de Janeiro: Renovar, 2006.

DONEDA, D. O Direito Fundamental à Proteção de Dados Pessoais. In: *Direito Digital - Direito Privado E Internet*. 2. ed. Indaiatuba: Foco Jurídico Ltda., 2019. p. 35-54.

DTI BR. Lei Geral de proteção de dados v. Marco Civil da Internet: *Antinomias*, [s. l.], 2019.

EDPB, E. D. P. B. Guidelines 05/2020 on consent under Regulation 2016/679. [s. l.], n. May, p. 1-33, 2020.

EDPB. *Guidelines 3/2022 on Dark patterns in social media platform interfaces*: How to recognise and avoid them. Version 1.0. [s. l.], n. March, p. 32022, 2022. Disponível em: https://edpb.europa.eu/our-work-tools/documents/public-consultations/2022/guidelines-32022-dark-patterns-social-media_de. Acesso em: 24 fev. 2020.

EJNISMAN, M. W.; LACERDA, M. E. *O consentimento na internet na nova Lei Geral de Dados Pessoais*. [S. l.], 2019.

ENERIO, D. *Influencer becomes revenge porn victim after ex-boyfriend posts sex videos on instagram*. [S. l.], 2021. Disponível em: https://www.ibtimes.com/influencer-becomes-revenge-porn-victim-after-ex-boyfriend-posts-sex-videos-instagram-3343985. Acesso em: 9 mar. 2020.

EUROPEAN DATA PROTECTION BOARD. *Guidelines 01/2022 on data subject rights*: Right of access. [S. l.], 2022.

EUROPEAN DATA PROTECTION BOARD. *Guidelines 2/2019 on the processing of personal data under Article 6(1)(b) GDPR in the context of the provision of online services to data subjects*. [S. l.: s. n.], 2019.

FECI, N.; VERDOODT, V. *Children and digital advertising*: towards a future-proof regulatory framework. [S. l.], 2018. Disponível em: https://www.law.kuleuven.be/citip/blog/children-and-digital-advertising-towards-a-future-proof-regulatory-framework/. Acesso em: 21 mar. 2020.

FERNANDES, E. R. *Crianças e adolescentes na LGPD*: bases legais aplicáveis. [S. l.], 2020.

FERRETTI, F. Data Protection and the Legitimate Interest of Data Controllers: Much Ado About Nothing or the Winter of Rights? *Common Market Law Review*, [s. l.], v. 51, p. 843-868, 2014.

FILHO, C. E. do R. M.; CASTRO, D. P. de. Potencialidades do direito de acesso na nova Lei Geral de Proteção de Dados (Lei 13.709.2018). In: TEPEDINO, G.; FRAZÃO, A.; OLIVA, M. D. (Org.). *Lei Geral de Proteção de Dados Pessoais e suas repercussões no Direito Brasileiro2*. São Paulo: Thomson Reuters Brasil, 2019. p. 323-346.

FORBRUKERRADET. *Out of Control*. [S. l.: s. n.], 2020.

FRAGOSO, N. *O impacto do Marco Civil sobre a proteção da privacidade no Brasil*. [S. l.], 2019.

FRAZÃO, A. *'Neurocapitalismo' e o negócio de dados cerebrais*. [S. l.], 2019.

FRAZÃO, A. *Nova LGPD*: as demais hipóteses de tratamento de dados pessoais. [S. l.], 2018a.

FRAZÃO, A. *Nova LGPD*: demais direitos previstos no art. 18. [S. l.], 2018b. Disponível em: https://www.jota.info/opiniao-e-analise/colunas/constituicao-empresa-e-mercado/nova-lgpd-demais-direitos-previstos-no-art-18-28112018. Acesso em: 23 mar. 2022.

FRAZÃO, A. *Nova LGPD*: direito de anonimização, bloqueio ou eliminação de dados. [S. l.], 2018c.

FRAZÃO, A. *Nova LGPD*: direitos dos titulares de dados pessoais. [S. l.], 2018d. Disponível em: https://www.jota.info/opiniao-e-analise/colunas/constituicao-empresa-e-mercado/nova-lgpd-direitos-dos-titulares-de-dados-pessoais-24102018. Acesso em: 21 mar. 2022.

FRAZÃO, A. *Nova LGPD*: o término do tratamento de dados. [S. l.], 2018e.

FRAZÃO, A. *Nova LGPD*: o tratamento dos dados pessoais sensíveis. [S. l.], 2018f.

FRAZÃO, A. *Nova LGPD*: os direitos dos titulares de dados pessoais. [S. l.], 2018g. Disponível em: https://www.jota.info/opiniao-e-analise/colunas/constituicao-empresa-e-mercado/nova-lgpd-os-direitos-dos-titulares-de-dados-pessoais-17102018. Acesso em: 21 mar. 2022.

FRAZÃO, A. *Nova LGPD*: tratamento dos dados de crianças e adolescentes. [S. l.], 2018h.

FRAZÃO, A. *O alcance da LGPD e repercussões para a atividade empresária*. [S. l.], 2018i.

FRAZÃO, A. *O direito à explicação e à oposição diante de decisões totalmente automatizadas*. [S. l.], 2018j.

FREITAS, Aiana. Projetos atacam propagandas para crianças; relembre casos. *UOL*. 2013. Disponível em: https://economia.uol.com.br/noticias/redacao/2013/02/07/projetos-de-lei-proibem-propaganda-e-oferta-de-brindes-para-criancas.htm. Acesso em: 24 fev. 2020.

FURTADO, G. R.; BEZERRA, D. T. Privacidade, consentimento informado e proteção de dados do consumidor na internet. *Revista de Direito do Consumidor*, [s. l.], v. 128, p. 205-225, 2020.

G1. Ministério da Justiça monitorou 579 opositores do governo Bolsonaro, diz site. [S. l.], 2020.

GERKEN, T. *Video game loot boxes declared illegal under Belgium gambling laws*. [S. l.], 2018.

GOLDFARB, A.; TUCKER, C. Digital Marketing. Handbook of the Economics of Marketing, *Oxford*, v. 1, n. 1, p. 259-289, 2019.

GOLDFARB, A.; TUCKER, C. E. Privacy regulation and online advertising. *Management Science*, [s. l.], v. 57, n. 1, p. 57-71, 2011. Disponível em: https://doi.org/10.1287/mnsc.1100.1246. Acesso em: 24 fev. 2020.

GOMES, M. C. O. Relatório de impacto à proteção de dados: uma breve análise da sua definição e papel na LGPD. *Revista do Advogado*, [s. l.], n. 144, p. 6-15, 2019.

GOUJARD, C. *European Parliament pushes to ban targeted ads based on health, religion or sexual orientation*. [S. l.], 2022.

HENRIQUES, I.; PITA, M.; HARTUNG, P. A Proteção de Dados Pessoais de Crianças e Adolescentes. In: DONEDA, D. *et al.* (Org.). *Tratado de Proteção de Dados Pessoais*. Rio de Janeiro: Forense, 2021. p. 199-226.

IAB EUROPE LEGAL COMMITTEE. *GDPR Guidance*: Legitimate Interests Assessments (LIA) For Digital Advertising. [S. l.: s. n.], 2021.

ICO. Guide to the General Data Protection Regulation (GDPR). [S. l.: s. n.], 2021. Disponível em: https://ico.org.uk/for-organisations/guide-to-the-general-data-protection-regulation-gdpr/. Acesso em: 24 fev. 2020.

INFORMATION COMMISSIONER'S OFFICE. *Lawful basis for processing*: legitimate interests. [S. l.: s. n.], 2018.

IRELAND DATA PROTECTION COMMISSION. FAQ on Consent for Electronic Direct Marketing. Dublin: [s. n.], 2020.

IRIS. *Pokémon GO e a realidade*: Você já entregou seus dados. [S. l.], 2016.

IRISH COUNCIL FOR CIVIL LIBERTIES. GDPR enforcer rules that IAB Europe's consent popups are unlawful. [S. l.], 2022.

ITS. *Guia Pokémon GO sobre Direitos Digitais*. [s. l.], 2016.

JR., J. B. *A Noite que Nunca Terminou*. Piauí, [s. l.], 2021.

KLEINA, N. Meta e Firefox trabalhamm em nova tecnologia par anúncios. *TecMundo*, [s. l.], 14 fev. 2022. Disponível em: https://www.tecmundo.com.br/internet/233760-meta-firefox-trabalham-juntas-nova-tecnologia-anuncios.htm. Acesso em: 24 fev. 2020.

KOTLER, P.; KARTAJAYA, H.; SETIAWAN, I. *Marketing 4.0*: do tradicional ao digital. Rio de Janeiro: Sexante, 2017.

KRÖGER, J. L.; MICELI, M.; MÜLLER, F. *How data can be used against people*: a classification of personal data misuse. [s. l.], 2021. Disponível em: https://ssrn.com/abstract=3887097. Acesso em: 24 fev. 2020.

LAMBRECHT, A. *et al*. How do firms make money selling digital goods online? *Marketing Letters*, [s. l.], v. 25, n. 3, p. 331-341, 2014. Disponível em: https://doi.org/10.1007/s11002-014-9310-5. Acesso em: 24 fev. 2020.

LAPIN. *Portabilidade de Dados e Direito Concorrencial em Mercados Digitais*. Brasília: [s. n.], 2021.

LINDOSO, M. C. B. *Discriminação de Gênero no Tratamento Automatizado de Dados Pessoais*: como a automatização incorpora vieses de gênero e perpetua a discriminação de mulheres. Rio de Janeiro: Processo, 2021.

LINDSTROM, M. *A lógica do consumo*: verdades e mentiras sobre por que compramos. Rio de Janeiro: HarperColins Brasil, 2008.

LONGO, W. *Marketing e comunicação na era pós-digital*: as regras mudaram. São Paulo: HSM do Brasil, 2014.

MAYER-SCHÖNBERGER, V. General development of data protection in Europe. In: AGRE, P.; ROTENERG, M. (Org.). *Technology and privacy*: the new landscape. Cambridge: MIT Press, 1997. p. 219-242.

MENDES, L. S. A Lei Geral de Proteção de Dados: um modelo de aplicação em três níveis. *Caderno Especial LGPD*, São Paulo, v. 1, n. 81, p. 35-56, 2019.

MENDES, L. S. Constitucionalismo digital e o direito fundamental à proteção de dados. *Fumus Boni Iuris - O Globo*, [s. l.], 2022. Disponível em: https://blogs.oglobo.globo.com/fumus-boni-iuris/post/laura-schertel-mendes-constitucionalismo-digital-e-o-direito-fundamental-protecao-de-dados.html. Acesso em: 24 fev. 2020.

MENDES, L. S. Decisão histórica do STF reconhece direito fundamental à proteção de dados pessoais. *Jota*, [s. l.], 2020. Disponível em: https://www.jota.info/opiniao-e-analise/artigos/decisao-historica-do-stf-reconhece-direito-fundamental-a-protecao-de-dados-pessoais-10052020. Acesso em: 24 fev. 2020.

MENDES, L. S. *Privacidade, proteção de ados e defesa do consumidor*: linhas gerais de um novo direito fundamental. São Paulo: Saraiva, 2014a.

MENDES, L. S. *Privacidade, proteção de dados e defesa do consumidor*: linhas gerais de um novo direito fundamental. [S. l.]: Saraiva, 2014b.

MENDES, L. S.; DONEDA, D. Comentário à Nova Lei de Proteção de Dados (Lei 13.709/2018): O Novo Paradigma da Proteção de Dados no Brasil. *Revista de Direito do Consumidor*, [s. l.], v. 120, p. 555-587, 2018a.

MENDES, L. S.; DONEDA, D. Reflexões Iniciais sobre a Nova Lei Geral de Proteção de Dados. *Revista de Direito do Consumidor*, [s. l.], v. 120, p. 469-483, 2018b.

MENDES, L. S.; FONSECA, G. C. S. Proteção de Dados para Além do Consentimento: tendências de materialização. In: DONEDA, D. *et al.* (Org.). *Tratado de Proteção de Dados Pessoais*. Rio de Janeiro: Forense, 2021. p. 73-95.

MIRAGEM, B. *Discriminação no consumo vai além dos ingressos para mulheres em festa*. [S. l.], 2017. Disponível em: https://www.conjur.com.br/2017-jul-05/garantias-consumo-discriminacao-consumo-alem-ingressos-mulheres-festas. Acesso em: 18 jul. 2022.

MONTEZUMA, L. A.; TAUBMAN-BASSIRIAN, T. *How to avoid consent fatigue*. [S. l.], 2019.

NAUWELAERTS, W. GDPR - The Perfect Privacy Storm: You Can Run from the Regulator, but You Cannot Hide from the Consumer. *European Data Protection Law Review*, [s. l.], v. 3, p. 251-256, 2017.

NEMITZ, P. Profiling the European Citizen: Why today's democracy needs to look harder at the negative potential of new technology than at its positive pote. In: *Being Profiled*: Cogitas Ergo Sum: 10 Years Of Profiling The European Citizen. Bruxelas: Amsterdam University Press, 2018. p. 8-11.

NEWMAN, L. H. *The New iOS Update Lets You Stop Ads From Tracking You - So Do It*. [S. l.], 2021.

NIELD, D. *What's Google FLoC? And How Does It Affect Your Privacy?* [S. l.], 2021. Disponível em: https://www.wired.com/story/google-floc-privacy-ad-tracking-explainer/. Acesso em: 7 fev. 2020.

NISSENAUM, H. Privacy as contextual integrity (Review). *Washington Law Review*, [s. l.], v. 79, n. 1, p. 119-157, 2004.

NORTON. *What are cookies?*. [S. l.], 2019.

NOYB. *More cookies banners to go*: second wave of complaints underway. [S. l.], 2022.

O'NEIL, C. *Weapons of Math Destruction* - How Big Data Increases Inequality and Threatens Democracy. Nova Iorque: Broadway Books, 2016.

OCDE. *Protecting Privacy in a Data-driven Economy*: Taking Stock of Current Thinking. Paris: [s. n.], 2014.

OCDE. *Dark Commercial Patterns*. 2022.

OLIVEIRA, M. A. B.; LOPES, I. M. P. Os princípios norteadores da proteção de dados pessoais no Brasil e sua otimização pela Lei 13.709/2018. In: TEPEDINO, G.; FRAZÃO, A.; OLIVA, M. D. (Org.). *Lei Geral de Proteção de Dados Pessoais e suas repercussões no Direito Brasileiro*. São Paulo: Thomson Reuters Brasil, 2019. p. 53-83.

PASQUALE, F. *The Black Box Society*: The Secret Algorithms that Control Money and Information. Cambridge: Harvard University Press, 2015.

PATERSON, M.; MCDONGH, M. Data Protection in an Era of Big Data: The Challenges Posed by Big Personal Data. *Monash University Law Review*, [s. l.], v. 44, n. 1, p. 1-31, 2018.

PIERI, J. E. de V.; BASTOS, R. A. C.; SCHVARTZMAN, F. *Dados pessoais "públicos" são, de fato, públicos?* [S. l.], 2019.

PINHEIRO, G. P.; LEMOS, A. N. L. E.; SOUTO, G. A. O Direito à Portabilidade de Dados Pessoais e as Consequências de Sua (Não) Implementação para o Direito Concorrencial. *RDP*, [s. l.], v. 17, n. 95, p. 230-247, 2020.

PONCE, P. P. Direito à portabilidade de dados: entre a proteção de dados e a concorrência. *Revista Direito da Concorrência*, [s. l.], v. 8, n. 1, p. 134-176, 2020. Disponível em: https://revista.cade.gov.br/index.php/revistadefesadaconcorrencia/article/view/521/26. Acesso em: 24 fev. 2020.

POSNER, E. A.; WEYL, E. G. *Mercados Radicais*: reinventando o capitalismo para uma sociedade justa. São Paulo: Portfolio-Penguin, 2019.

PRIVACY INTERNATIONAL. *Rights of Data Subjects*: A Guide for Policy Engagement on Data Protection. [S. l.: s. n.], 2020.

RESOLUCIÓN DE PROCEDIMIENTO SANCIONADOR Nº PS/00500/2020. 2021. Disponível em: https://www.aepd.es/es/documento/ps-00500-2020.pdf. Acesso em: 24 fev. 2020.

REVISTA CONSULTOR JURÍDICO. Telefônica tira YouTube do ar para cumprir ordem. [S. l.], 2007. Disponível em: https://www.conjur.com.br/2007-jan-09/telefonica_tira_youtube_ar_cumprir_ordem. Acesso em: 9 mar. 2020.

RODOTÀ, S. *A Vida na Sociedade da Vigilância*: A Privacidade Hoje. Rio de Janeiro: Renovar, 2008.

ROTH, E. *Google abandons FLoC, introduces Topics API to replace tracking cookies*. [S. l.], 2022. Disponível em: https://www.theverge.com/2022/1/25/22900567/google-floc-abandon-topics-api-cookies-tracking. Acesso em: 7 fev. 2020.

SANTOS, I. M. R. *O Legítimo Interesse do Controlador ou de Terceiro no Tratamento de Dados Pessoais.* 2019. Universidade de Brasília, [s. l.], 2019.

SARTORI, E. C. M. Privacidade e dados pessoais: a proteção contratual da personalidade do consumidor na internet. *Revista de Direito Civil Contemporâneo*, [s. l.], v. 9, p. 49-104, 2016.

SCHRAPPE, C.; BECKER, D. Consentimento e o consentimento na LGPD. *JOTA*, [s. l.], 3 jan. 2021.

SCHREURS, W. et al. Cogitas Ergo Sum: The Role of Data Protection Law and Non-discrimination Law in Group Profiling in the Private Sector. In: GUTWIRTH, S.; HILDEBRANDT, M. (Org.). *Profiling the European Citizen*. New York: Springer, 2008.

SCHWABE, J. *Cinquenta Anos de Jurisprudência do Tribunal Constitucional Federal Alemão*. Montevideo: Konrad-Adenauer, 2005.

SERASA EXPERIAN. Serasa Experian expande a sua atuação no mercado de audiências digitais via DMP com dados do Serasa Consumidor. [S. l.], 2019. Disponível em: https://www.serasaexperian.com.br/sala-de-imprensa/servicos-de-marketing/serasa-experian-expande-a-sua-atuacao-no-mercado-de-audiencias-digitais-via-dmp-com-dados-do-serasa-consumidor/. Acesso em: 10 mar. 2020.

SOUZA, E. N. de; SILVA, R. da G. Direitos do titular de dados na Lei 13.709/2018: uma abordagem sistemática. In: TEPEDINO, G.; FRAZÃO, A.; OLIVA, M. D. (Org.). *Lei Geral de Proteção de Dados Pessoais e suas repercussões no Direito Brasileiro*. São Paulo: Thomson Reuters Brasil, 2019. p. 243-286.

STIGLER CENTER FOR THE STUDY OF THE ECONOMY AND THE STATE. Stigler Committee on Digital Platforms - Final ReportChicaco Booth. [S. l.: s. n.], 2019. Disponível em: https://research.chicagobooth.edu/stigler/media/news/committee-on-digital-platforms-final-report. Acesso em: 24 fev. 2020.

SUMPTER, D. *Dominado pelos números*: do Facebook e Google às fake news: os algoritmos que controlam nossa vida. Rio de Janeiro: Bertrand Brasil, 2019.

TEIXEIRA, A. C.; RETTORE, A. C. A autoridade parental e o tratamento de dados pessoais de crianças e adolescentes. In: FRAZÃO, A.; TEPEDINO, G.; OLIVA, M. (Org.). *Lei Geral de Proteção de Dados Pessoais e suas repercussões no Direito Brasileiro*. São Paulo: Thomson Reuters Brasil Conteúdo e Tecnologia Ltda., 2019. p. 505-530.

TELE.SÍNTESE. *WhatsApp vai atender recomendações da ANPD*. [S. l.], 2021.

TEPEDINO, G.; TEFFÉ, C. S. de. Consentimento e proteção de dados pessoais na LGPD. In: FRAZÃO, A.; TEPEDINO, G.; OLIVA, M. D. (Org.). *Lei Geral de Proteção de Dados Pessoais e suas repercussões no Direito Brasileiro*. São Paulo: Thomson Reuters Brasil, 2019. p. 287-322.

TOFFLER, A. *O futuro do capitalismo*: a economia do conhecimento e o significado da riqueza no século XXI. São Paulo: Saraiva, 2012.

TOSTES, O. V. A dispensa de trabalhadores através de algoritmos. *JOTA*, [s. l.], 2021. Disponível em: https://www.jota.info/opiniao-e-analise/artigos/dispensa-trabalhadores-atraves-de-algoritmos-22112021. Acesso em: 9 mar. 2020.

VEDDER, A. Why Data Protection and Transparency Are Not Enough When Facing Social Problems of Machine Learning in a Big Data Context. In: *Being Profiled*. [S. l.: s. n.], 2019. p. 42-45. Disponível em: https://doi.org/10.2307/j.ctvhrd092.10. Acesso em: 24 fev. 2020.

VÉLIZ, C. *Privacidade é poder*: por que e como você deveria retomar o controle de seus dados. São Paulo: Contracorrente, 2021.

VIOLA, M.; TEFFÉ, C. S. de. Tratamento de dados pessoais na LGPD: estudo sobre as bases legais dos artigos 7º e 11. In: DONEDA, D. *et al.* (Org.). *Tratado de Proteção de Dados Pessoais*. Rio de Janeiro: Forense, 2021. p. 117-148.

VRABEC, H. U. *Data Subject Rights under the GDPR*: With a Commentary through the Lens of the Data-Driven Economy. Oxford: Oxford University Press, 2021.

WARREN, S. D.; BRANDEIS, L. The Right to Privacy. *Harvard Law Review*, [s. l.], v. IV, n. 5, 1890.

WIMMER, M. O Regime Jurídico do Tratamento de Dados Pessoais pelo Poder Público. In: DONEDA, D. *et al.* (Org.). *Tratado de Proteção de Dados Pessoais*. Rio de Janeiro: Forense, 2021. p. 271-288.

ZUBOFF, S. *The Age of Surveillance Capitalism*: The Fight for a Human Future at the New Frontier of Power. Nova Iorque: Public Affairs, 2019.

Esta obra foi composta em fonte Palatino Linotype, corpo 10
e impressa em papel Pólen Bold 70g (miolo) e Supremo 250g
(capa) pela Formato Artes Gráficas